双書 ジェンダー分析13

対等な夫婦は幸せか

永井暁子／松田茂樹 編

勁草書房

まえがき

　本書は、東京大学社会科学研究所附属日本社会研究情報センターが毎年行っている二次分析研究会の2005年度（2005年5月〜2006年3月、担当：永井暁子、松田茂樹）の研究成果の一部を、再分析、加筆、修正したものである。

　2005年度の研究会では、「共働社会の到来とそれをめぐる葛藤」を研究会全体の大きなテーマとした。「共働社会」とは、夫婦がともに正社員・正規職員として働き、家事・育児を夫婦で行う共働モデルを営む夫婦が大多数を占める社会を指している（松田 2003）。つまり、このテーマは、社会変化に直面し、共働という新たな戦略をとり始めた家族の葛藤を描くという意味である。

　現在の日本においては、社会環境の変化等により、夫のみが働くというこれまでの男性稼得者モデルによって家族を形成、維持することは、多くの人々にとって困難になっている。一方、共働モデルを支えるには不十分な社会のしくみ、共働モデルに対して必ずしも積極的ではない人々の心情を鑑みれば、共働モデルに簡単に移行するとは考えにくく、また、何らかの葛藤をともなうものと考えられるのである。

　そこで、本書では共働モデル、男性稼得者モデル、それぞれが抱える問題を、仕事と家庭の調和、家庭内の役割分担、ストレス、家計構造、夫婦関係、政治参加などについて、二次分析研究会という複数の領域の若手研究者が集まる場の利点を活かし、経済学、社会学、心理学、政治学など様々な角度から描きだすことを目指してきた。専門分野が異なる研究者が同じテーマに取り組み、研究会で議論をすることは有意義な経験であり、二次分析研究会はこうした経験を得ることができるといった点でも貴重である。

　二次分析研究会に限らず、この二次分析は日本社会研究情報センターSSJデータアーカイブへのデータの寄託によって、多くの研究者にとって可能となる。調査実施機関（たとえば、シンクタンクや大学、その他の研究組織、個人など）が

i

収集し、当初の目的を達成したデータの寄託を受け、SSJデータアーカイブでは、①個票データを個々の回答者を識別することが不可能な形に変換し、②大学又は研究機関の研究者、大学院生、または教官の指導を受けた大学生による学術目的に限り、利用申請の審査後、寄託者の承認を得て、個票データを利用者に提供している。

　本書が、このような二次分析研究会での議論の面白さの一部でも伝えることができれば幸いである。そして本書で利用したデータの寄託者を含め、全ての寄託者に対して、この場を借りて感謝の意を表したい。

2006年9月

永井暁子

目　次

対等な夫婦は幸せか

目　次

まえがき …………………………………………………………永井暁子

序　章　共働きが変える夫婦関係…………………………松田茂樹　1

1　共働き夫婦の増加　1

2　共働きが夫婦関係にもたらす影響　4

3　共働き夫婦の仕事と生活　7

I　結婚・離婚にみる男女関係の変化

第1章　結婚の際に男性に求められる
　　　　　資質の変化 …………………………………中村真由美　15
　　　　　　　──対人関係能力の結婚との関係──

1　なぜ対人関係能力が問題になるのか　15

2　未婚化についての仮説　16

3　対人関係能力不足は未婚化の原因か　17

4　個人の能力を補うマッチング制度の衰退　23

第2章　なぜ離婚リスクは
　　　　　社会階層により異なるのか………………三輪　哲　29

1　社会階層と離婚　29

2　農業層だけが離婚寛容性が低いのか　34

3　結婚の質を高めるメカニズムはいかなるものか　35

4　離婚のリスクは社会階層により異なる　38

II　夫婦間のサポート関係

第3章　夫婦間で仕事と家事の交換は可能か …………水落正明　47

1　共働き世帯の家計構造と家事分担　47

2　家計構造と家事分担をどう測るか　50

3　家計貢献と家事分担の代替関係はどの程度か　53

4　共働社会の到来は何をもたらすのか　59

第4章　共働きで夫はストレスがたまるのか …………裵　智恵　63

1　夫の経験としての共働きというライフスタイル　63

2　妻の働き方で夫のストレスは異なるのか　64

3　性別役割分業意識と家庭の実情のギャップ　66

4　意識と実態のギャップが生み出す夫のストレス　68

第5章　夫のサポートが
　　　　　　夫婦の結婚満足感を高める ………………竹内真純　77

1　対等な夫婦ほど結婚に満足しているのか　77

2　様々な「対等性」　81

3　夫婦の結婚満足を高める要因　83

4　何が対等な夫婦関係を生み出すか　86

5　結婚満足感の低い夫婦の特徴　88

III　女性の就業と社会参加

第6章　性別役割分業と政治参加 ……………………前田幸男　97

1　女性が政治参加に消極的なのは何故か　97

目　次

2　職業と政治参加　100

3　家庭と社会的ネットワーク　103

4　女性の就業は政治参加を促す　108

第7章　夫婦の働き方戦略 ……………………………松田茂樹　119
──戦略の自由度、性別役割分業戦略、共働戦略──

1　働き方戦略からみた性別役割分業　119

2　性別役割分業意識と夫婦の働き方の関係　123

3　夫婦の働き方戦略を決める要因　127

4　戦略の自由度と働き方戦略　131

終　章　対等な夫婦は幸せか ………………………………永井暁子　137

1　「共働き」はどのように捉えられていたのか　137

2　妻の就業は夫婦を対等にするか　139

3　妻の就業、夫婦の対等性がもたらすもの　140

4　対等な夫婦関係はゴールではない　141

参考文献 ………………………………………………………………………145

あとがき………………………………………………………松田茂樹　155

索　引…………………………………………………………………………157

序　章

共働きが変える夫婦関係

松田茂樹

1　共働き夫婦の増加

　広く知られるように、先進諸国の中でわが国は女性の労働力率が低く、夫は仕事、妻は家庭という性別役割分業を行う夫婦が多い国の1つである。15歳以上人口における女性労働力率は、スウェーデン75.7%、米国59.2%に対して、日本は48.2%であり、この値はドイツやイタリアと並び低い水準である（国立社会保障・人口問題研究所 2005）。男性の労働力率は年齢にかかわらず高いのに対して、女性のそれが低いということは、夫のみが働く夫婦が多く、共働きが少ないことをあらわす。夫の家事時間が短い点も合わせると、日本は伝統的な性別役割分業が強い社会である（Tsuya & Bumpass 2004）。

　しかしながら、夫は仕事、妻は家庭という伝統的な性別役割分業が強いといわれながらも、実際の夫婦の就業形態は「夫が就業、妻が非就業」という＜完全な性別役割分業＞である夫婦は少数派になり、共働きが多数派になるという逆転現象が、いま起きている。国勢調査をみると、1980年には「夫が就業、妻が非就業」の夫婦が47.2%、「夫・妻とも就業」の夫婦が45.8%で、「夫が就業、妻が非就業」の夫婦の方が多かったが、その後「夫が就業、妻が非就業」の夫婦の割合は大幅に低下し、2000年にはそれぞれ36.4%、44.9%と逆転した（表序-1）。この数値には自営業者が含まれるため、それを除外してみても、1980年には23.2%であった「夫・妻とも雇用者」の割合は、2000年には32.1%であり、「夫が就業、妻が非就業」の夫婦の割合に近くなっている。

　わが国の女性労働力率を年齢別にみると、20歳代前半と40歳代後半を両頂点とするM字カーブを描く。近年、女性労働力率の上昇により、近年M字の谷は

I

序章　共働きが変える夫婦関係

表序-1　夫婦の就業状態

(単位：上段が世帯数、下段が全世帯数に占める割合)

年	総数	夫・妻とも就業	うち夫・妻とも雇用者	夫が就業、妻が非就業	夫が非就業、妻が就業	夫・妻とも非就業
1980年	25,988,363	11,910,978	6,038,446	12,260,232	425,714	1,333,920
	100.0%	45.8%	23.2%	47.2%	1.6%	5.1%
1990年	27,758,543	13,344,836	8,596,834	11,321,449	545,578	2,466,446
	100.0%	48.1%	31.0%	40.8%	2.0%	8.9%
2000年	29,292,457	13,139,395	9,409,624	10,652,323	935,854	4,290,286
	100.0%	44.9%	32.1%	36.4%	3.2%	14.6%

資料：総務省統計局『国勢調査』

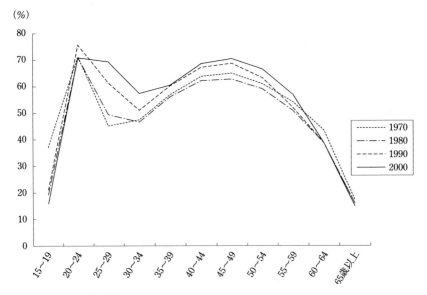

資料：総務省統計局『国勢調査』

図序-1　年齢別にみた女性労働力率

浅くなり、40歳代後半を頂点とするM字の右の頂は高くなっている（図序-1）。2000年時点では、40歳代後半の女性の10人中7人が働いている。特に有配偶率が高い30〜50歳代における女性労働力率の上昇からは、この年代で共働き夫婦

序章　共働きが変える夫婦関係

が増加しつつあることがうかがえる。

　このような女性労働力率の増加傾向にもかかわらず、依然として結婚・出産で離職する女性は多いため、女性のキャリア形成のパターンは変化していないという指摘もある（盛山 2000；武石 2006）。だが、共働き夫婦の数は増加してきており、社会において多数派を占めるようになったことは事実である。個々の夫婦の立場からみると、共働きは、夫婦の働き方における有力な選択肢の1つとなる時代が来たといえる。

　夫のみが働く夫婦は減少し、共働き夫婦が増加する変化は、家族や社会における様々な要因がからみ合ってもたらされた。主な要因としては、まず、女性の社会進出を支える制度の整備があげられる。男女雇用機会均等法や育児休業法の施行など働く女性を支援する政策が実施されたことにより、女性のキャリア展開の可能性は広がった（武石 2006:191）。また、バブル経済崩壊後の長期不況による男性の賃金の伸び悩みと雇用不安の高まりは、夫婦共働きを後押しする要因となった。夫が働き、妻は家庭を守るという分業が可能なためには、夫の雇用が安定しており、かつその収入が一家を支えられるだけの高い水準であることが必須条件である。男性の雇用不安は、性別役割分業を行う家庭の経済的基盤を不安定にする。このため、夫の所得が恒常的に低下しつづけることは、妻の労働力率を高める要因になった（樋口 2000）。さらに、労働市場についてみると、少子化の進行により、労働力が不足しつつあるため、企業は女性の継続就業者とともに、出産・育児で一旦退職した女性の雇用を増やしている。このことも、共働き夫婦を増加させる要因となっている。

　共働き夫婦の数が、今後も引き続き増加するかどうかは不明である。しかし、ここにあげた要因のうち、経済情勢によって変わる男性の雇用不安の増減は不透明であるものの、女性の社会進出を支える制度の整備は今後もすすむとみられるほか、少子化による労働力不足にともない、女性労働力に対する需要は今後とも高まる。共働き夫婦の数が、今後も増加する可能性は高い。

序章　共働きが変える夫婦関係

2　共働きが夫婦関係にもたらす影響

性別役割分業の夫婦と共働き夫婦

性別役割分業の夫婦と共働きの夫婦では、夫と妻に求められる役割はもちろんのこと、求められるお互いの夫婦関係へのコミットメントも大きく異なる。

性別役割分業の夫婦の場合、一方が仕事、他方が家事・育児と、夫婦の役割が専門化しているため、「スペシャリスト型夫婦関係」（渡辺 1994）となる。理論的には、夫と妻がそれぞれの比較優位がある方を分担するように分業がなされる場合、家庭運営の生産性を最大化することができる（Becker 1981）。この夫婦関係の特徴は、役割の相互補完性にある。夫と妻には、自らが引き受けた仕事または家事・育児の役割を責任もって遂行することが要請される。また、こうした夫婦は役割が補完的になるような配偶者選択によって形成され、一旦形成された関係は、補完的であるがゆえに、夫婦間のコミュニケーションや情緒的サポートの程度によらず安定する。

これに対して、共働きの場合、夫と妻がともに仕事と家事・育児役割を引き受けるため、「ジェネラリスト型夫婦関係」（渡辺 1994）となる。この夫婦関係の特徴は、夫と妻が担う役割の代替性にある。しかし、このことは「夫婦の絆を弱めかねないので夫婦の補完性を高めるために、会話や家庭内協業や共有体験を通して役割を協力しサポートしあっているという確認が必要になる」（山口 2004:14）。夫と妻が常に夫婦関係の維持のためにコミットすることを通して夫婦関係が維持されるという点で、これは「純粋な関係」（Giddens 1992）に近くなる。このため、共働き夫婦においては、夫と妻の双方が仕事と家事・育児を行うこととともに、緊密なコミュニケーションやサポートを行うことが強く求められる。共働きを志向する者は、これらの点を重視した配偶者選択を行うようになる。

共働きの夫婦関係

今後、わが国では、共働き夫婦の増加にともない、各種制度を共働き夫婦にも対応可能なものに設計しなおすことが求められるようになる。同時に、共働

序章　共働きが変える夫婦関係

きが社会の多数派となることは、社会に対してのみならず、家族形成や夫婦関係のあり方にも少なからず影響を与える。理論的には、以下のような変化が生じるとみられる。

第一に、家族形成に与える影響としては、まず、配偶者を選択する際の基準が変容することがあげられる。社会において性別役割分業の夫婦が多数を占める場合、未婚男女も結婚後にそのような夫婦関係を築くことを想定して配偶者選択を行うことが多くなる。男性は配偶者に家事・育児を担うことを求め、女性は配偶者に家計を維持するために十分な収入を得ることを求めてカップル形成が行われる（山田 1994）。しかし、共働き夫婦が多数を占めた場合、結婚後に共働きになることを想定する未婚男女は多くなる。このため、配偶者選択において、男女とも配偶者に仕事と家事・育児の両方を担うことを求めて、カップル形成が行われるように変化する。加えて、コミュニケーション力やサポート力も強く求めるように変化する。

また、共働き夫婦は、夫婦双方が自らの収入による経済的基盤をもつため、性別役割分業の夫婦よりも、夫婦関係が悪化した場合に、少なくとも経済面からみて、離婚を選択することは容易である。夫婦間のコミュニケーションやサポート等の関係維持にかかわる行動がいま変わらなければ、共働き夫婦の増加は、離婚を増やす要因となる。ただし、夫婦仲が悪い場合に実際に離婚に至るか否かには、夫と妻の経済力のみならず、その夫婦の離婚を許容する規範意識も関係する。この規範意識は社会階層によって異なるため、共働き夫婦の増加が、離婚リスクを高める影響には、階層差があるとみられる。

第二に、日常的な夫婦関係についてみると、共働きでは、夫婦とも仕事をするとともに、家事・育児も分担することが必要になる。わが国の男性の家事・育児参加は先進諸国の中でも低い方であるが（松田 2005）、この理由の1つに他国に比べて専業主婦の割合が高いことがある。共働き夫婦が増えることは、夫が家事・育児を引き受ける必要性が高い夫婦の増加を意味するため、社会全体における夫の家事・育児参加を高める要因になる。ただし、ここで問題になるのが、妻が仕事に費やす時間と家事・育児に費やす時間の代替性である。両者が完全に代替的であれば、性別役割分業の夫婦に比べて共働き夫婦の妻の負担は、少なくとも時間面では、増えない。だが、共働きになっても妻が家事・

5

序章　共働きが変える夫婦関係

育児の大半を担う状況が続けば、妻には仕事と家事・育児の二重負担がかかってしまう（Hochschild 1989）。

　また、夫婦間の権力関係も、夫婦の就業形態変化に伴って変わりうる。性別役割分業の夫婦は、夫のみが経済力をもつため、妻よりも夫が権力をもつ構造になりやすい。家計管理面では妻が決定権を持つが、家庭の全体的な実権は夫が持っていることが多いという調査結果もある（内閣府 2004）。共働きは、妻も経済力を持つことにより、夫婦の権力を均衡させるように作用する。

　第三に、共働き夫婦が増えることの影響は、夫婦関係内にとどまらず、個人の社会参加の仕方にも及ぶものである。例えば、投票行動や政治集会への参加といった個人の政治参加には、女性よりも男性の方が活発である（Verba et al. 1978）。政治参加は職業的な利益集団と密接にかかわって行われていることをふまえると、政治参加に男女差が生じる背景の１つに、男性のみが職業的役割を担う性別役割分業がある。共働きが増加すれば、職業的な利益集団にかかわる女性も増加するため、女性の政治参加も増えることが見込まれる。また、男は仕事、女は家庭という性役割の規範が強ければ、その影響により女性が家庭外の政治活動に参加することが抑制されるが、就労する女性が増加すると、そうした規範は弱まり、女性の政治参加を促すことになる。

　なお、共働きの増加が、夫婦関係に与える影響は、当の夫婦がそれを望んだ結果であるか否かによって、大きく異なる。今日にみられる共働きの増加は、女性の社会進出を支える制度の整備によって、従来共働きをあきらめていた者が共働き可能になったことによりもたらされた部分と、共働きを望んではいないものの、夫の雇用不安により仕方なく共働きをする者が増えたという部分の両方によってもたらされている。前者は、本人の希望と実際の夫婦の就業形態が一致しているため、心理的にも良好だが、後者は希望と実態が異なるため、心理的な状態は悪くなる。このようにみると、今日の共働きの増加は、こうした夫婦全体の心理的状態を良好にしたわけではなく、もっと複雑な影響を及ぼしているとみられる。また、この２つのタイプの共働き夫婦の増加は、社会階層やライフステージと密接に関連して生じている。

序章　共働きが変える夫婦関係

3　共働き夫婦の仕事と生活

二次分析

　先述のように、性別役割分業の夫婦と共働きの夫婦では、夫婦関係が大きく異なるとみられる。また、社会において共働き夫婦が増加することは、夫婦関係や社会参加等に様々な影響を及ぼすものである。しかしながら、これらはいずれも理論的に予想される変化であり、現実の夫婦関係において観察されたことではない。果たして、実際に性別役割分業の夫婦と共働きの夫婦では、このような差異が生じているのだろうか。本書では、家族形成、夫婦関係、社会参加の面において、実際にこうした変化や差異が生じているか否かを分析し、そこから得られる知見を示す。

　そのために本書で用いた方法は、量的調査の個票データの二次分析である。分析者本人が直接収集したデータが一次データ、本人以外が収集したデータが二次データであり、この二次データを使用した分析が二次分析にあたる。二次分析とは、「社会調査によって収集された公開データを再分析し、既存の仮説や新しい仮説を検証したり、あるいは新しい分析手法を適用したりする」(佐藤ほか 2000:1) もので、「最初の研究（一次分析）では明らかにされなかった点を解明する研究」(同上書:1) である。研究者個人では、様々な資源的制約から、仮説検証に必要な大規模で代表性のあるデータを収集することには困難がつきまとう。しかしながら、公開データを使用して二次分析を行うことにより、そうした制約から解放されて、個々の研究者がそうしたデータを使用して多様な仮説の検証を行うことが可能になる。本書は、二次分析がもつこの利点を活用して、共働き夫婦の状況を明らかにする。

　分析に使用したデータは、①家計経済研究所「現代核家族調査」(1999年)、②第一生命経済研究所「今後の生活に関するアンケート」(2001年)、③大阪商業大学比較地域研究所・東京大学社会科学研究所「日本版General Social Survey [JGSS2001, 2002, 2003]」(2001, 2002, 2003年)、④1985年SSM全国調査委員会「社会階層と社会移動全国調査 [SSM85]」(1985年) の 4 つの個票データである。各データの概要は表序-2 のとおりである。前 3 者のデータは、東

7

序章　共働きが変える夫婦関係

表序-2　本書の分析に使用したデータ

概要 ＼ データ	①現代核家族調査	②今後の生活に関するアンケート	③日本版General Social Survey [JGSS2001, 2002, 2003]	④1985年社会階層と社会移動全国調査 [SSM85, B票]
調査実施	家計経済研究所	第一生命経済研究所	大阪商業大学比較地域研究所・東京大学社会科学研究所	1985年SSM全国調査委員会
調査時期	1999年	2001年	2001, 2002, 2003年	1985年
調査対象	首都30km圏の妻年齢が35〜44歳の核家族世帯（同世帯の夫、妻、小学校高学年から高校生の子1人）	全国の満18〜69歳の男女個人	全国の満20〜89歳の男女個人	全国の満20歳〜69歳の男女個人
標本抽出方法	層化二段無作為抽出	層化二段無作為抽出	層化二段無作為抽出	層化二段等間隔抽出
サンプル数　調査対象数　有効回収数　有効回収率	2,000世帯　934世帯　46.2%	3,000人　2,254人　75.1%	7,200人　3,663人　50.9%（2003年調査）	2,030人　1,234人　60.8%
調査方法	訪問留置法	訪問留置法	訪問面接法と訪問留置法	訪問面接法

京大学社会科学研究所附属日本社会研究情報センターSSJデータアーカイブに所蔵されており、同センターを通じて提供を受けた。各データの詳細は、SSJデータアーカイブのウェブサイト（http://ssjda.iss.u-tokyo.ac.jp/）を参照。SSM85のデータは、2005年SSM調査研究会から提供を受けた。SSM85の集計結果は、大阪大学の質問紙法にもとづく社会調査データベース（http://srdq.hus.osaka-u.ac.jp/）で見ることができる。

　分析に使用したデータの特徴としては、次の点があげられる。第一に、いずれのデータも全国または首都圏という広域を対象にした、大規模調査であるため、わが国の夫婦で広く生じている事象を分析することが可能である。第二に、いずれの調査も調査時期が1980年代半ばから2000年前後の新しい時期であるた

め、現代の夫婦において生じている先端的な現象を分析するのに適している。第三に、「現代核家族調査」は夫、妻、子の3者調査、他3調査は個人調査と性格が異なるため、各調査の特徴を活かして、個人単位あるいは夫婦単位での分析が可能である。第四に、重なりはあるものの、各データには独自の変数が含まれていることから、これら4データを使用することにより、家族形成から社会参加まで広範囲の問題を分析できる。各章では、これらの利点を活かし、とりあげる問題に対応したデータを選択して分析を行った。

　本書で用いた分析方法は計量分析である。具体的には、記述統計量の分析、クロス集計や相関等の2変量分析、重回帰分析やロジット分析等の多変量解析である。分析結果は、平易に示している。

各章の分析テーマ

　各章の分析テーマは次のとおりである。

　第Ⅰ部のテーマは、結婚・離婚にみる男女関係の変化である。第1章「男性のコミュニケーション能力が結婚の条件」（中村真由美）では、男性のコミュニケーション能力が結婚の成就に与えている影響を分析する。近年若者の晩婚化が進んでいるが、その要因として、結婚生活において男性にコミュニケーション能力が求められるようになったのに対して、その能力が不足しているために、カップルのマッチングがうまくいかなくなったことが指摘されている。この問題は、夫婦の就業形態の変化が家族形成に与える影響と密接に関連する。本章では、その真否を明らかにする。第2章「離婚が増加するのはなぜか」（三輪哲）では、社会階層を手がかりに、近年離婚が増加している背景要因にせまる。結婚の質と離婚することに対する寛容性は離婚発生を左右する重要な要因であり、それらの関係のパターンは社会階層によって大きく異なる。本章では、社会階層の違いによって離婚が発生するメカニズムが異なる点を分析し、離婚発生の階層間格差を指摘する。

　第Ⅱ部のテーマは、共働きが夫婦関係に及ぼす影響である。第3章「夫婦間で仕事と家事の交換は可能か」（水落正明）では、共働きが増えて妻の家計面における貢献が増加していく中で、その貢献に見合った分だけ妻の家事面における貢献が減少——すなわち夫の家事面における貢献が増加——するという代

替関係があるか否かを分析する。共働きの妻の場合、家計貢献率は高くても、家事貢献率も高いというように二重負担になる傾向があるといわれる。本章では、仕事と家事の交換という視点で、その実態を明らかにする。第4章「共働きで夫はストレスがたまるのか」（裵智恵）では、共働きをすることが、夫に与える心理的影響を分析する。これまで共働きが女性のストレス等に与える影響については多くの研究がなされてきたが、男性への影響はほとんど明らかにされていない。本章では、妻の就業に対する夫の意識に注目して、この点を解明する。第5章「夫のサポートが夫婦の結婚満足度を高める」（竹内真純）では、妻の経済力、夫婦の対等性、夫婦の結婚満足感の関係を分析する。共働きで妻の経済力が高まることは果たして夫婦の対等性を高めることにつながるのか、さらに、夫婦の対等性が高まることは、夫婦双方の結婚満足度を高めるのかという点を明らかにする。分析結果から、妻の経済力が結婚満足度につながるためには、妻に対する夫のサポートが重要な媒介要因になることを指摘する。

第Ⅲ部のテーマは、女性の就業と社会参加である。第6章「就業が女性の政治参加を促す」（前田幸男）では、投票行動や政治集会への参加といった個人の政治参加が、女性よりも男性の方が活発であるという男女差が生じる理由を分析する。既存研究ではその理由として、女性は基本的に政治的関心がないために政治活動に参入しないという回避仮説と、女性も政治に対する関心はあるが、内的あるいは外的な制約によって政治に参加できないという抑制仮説が提示されている。本章では、これらの仮説を検証するとともに、就労する女性の増加が政治参加に与える影響を考察する。第7章「夫婦の働き方戦略」（松田茂樹）では、性別役割分業をするか共働きをするかということを夫婦の1つの戦略として捉える視点を提示した上で、夫婦の戦略を左右している要因を明らかにする。夫婦が理想とする戦略とさまざまな制約がある中で実際に採用する戦略の関係——すなわち両者の一致／不一致——が、ライフステージや社会階層等によってどのように異なっているかを明らかにする。

終章「対等な夫婦は幸せか」（永井暁子）では、本書の分析結果を総括し、夫婦が共働きして、経済力、家事分担、サポートの授受等の指標が夫婦で対等になることが、夫婦関係にもたらす帰結を指摘する。これらの指標が対等である夫婦像が、社会進出する女性が目指す目標地点とみなされることも多い。し

かしながら、これが対等になることのみでは、夫も妻もともに幸福にならず、対等でなかった場合に潜在化していた問題が顕在化して夫婦関係に新たな問題を生じさせることにもなる。男性と女性がともに幸福に生きるためには、これら客観的な指標が対等になるのみではなく、それに加わる条件が必要である。本章では、この点を議論する。

　各章では、具体的な仮説を設定し、これを計量分析によって検証することで、以上にあげた問題を解明する。各章の分析を通じて、わが国の共働き夫婦の生活実態とそれにかかわる問題を総合的に提示する。

I

結婚・離婚にみる男女関係の変化

第1章

結婚の際に男性に求められる資質の変化
───対人関係能力の結婚との関係───

中村真由美

1　なぜ対人関係能力が問題になるのか

対人関係能力と未婚化

　本章では、男性の「対人関係能力」と「結婚」との関連を分析する。少子化の一因として若い世代の未婚化・晩婚化が社会問題となっているが、彼らが未婚のままでいる理由として、（特に男性の）「対人関係能力不足」が原因になっているという言説がある。本当に対人関係能力不足は未婚化・晩婚化の原因になっているのだろうか？　また、年配の世代と比べて、若い世代において対人関係能力不足がより深刻な問題となっていて、それが近年の未婚化・晩婚化につながっているのだろうか？　本章では対象を男性に絞り、「対人関係能力」と「結婚の起こりやすさ」の関係について検証し、さらに対人関係能力に世代によって差があるのかどうか、また、対人関係能力が結婚に与える影響に世代差があるのかどうかについて明らかにする。

対人関係能力と未婚化をめぐる言説

　若い世代の対人関係能力の欠如は、様々な社会問題を引き起こしているとしばしば指摘されてきた。例えば三浦（2005）は現代の日本社会は二層化しており、「下流」階層にいる若者はやる気や対人関係能力が欠如し、その結果、職業的成功も、結婚相手も得られなくなっていると説く。また本田（2005）は現代の日本を「ポスト近代社会」として位置づけ、そこでは、意欲や創造性、対人関係能力などの「ポスト近代型能力」の重要性が強まっており、その能力を持たない若者は就業の面を含めて、社会で恵まれない立場に陥りやすいと指

15

Ⅰ　結婚・離婚にみる男女関係の変化

摘している。本田は対人関係能力と結婚の関係について直接言及しているわけではないが、彼女の説の延長として、対人関係能力の欠如と未婚・非婚の関係をとらえることは可能である。長山（2005）は少子化した現在の社会では、個人は大人数で住むという経験がなく育ち、他人と一緒に住むという能力が欠如する為に、未婚化・晩婚化が進んでいると主張している。

　若い世代に起きている様々な社会問題の原因を対人関係能力の不足に求めるという言説は、その背景に社会経済的な変化を前提としており、背景にあるとされる社会経済的な変化というのは様々である。長山の場合は少子化であり、三浦の場合は不況や政策による社会の２層化と、「下流」階層の階層文化の影響である。就業によって女性が経済力をつけた為、男性に対する意識や期待するものが変わり、男性に経済力以外の資質を求めるようになったという議論などもある。対人関係能力不足の背景にあるとされる問題は様々であるが、共通しているのは、対人関係能力不足が未婚・晩婚（および、その他の社会問題）の直接の原因のひとつになっていて、さらに対人関係能力不足の問題が近年重篤になっているという点なのである。

2　未婚化についての仮説

　対人関係能力の不足が若い世代の未婚化・晩婚化に影響しているという言説の前提には２つの対立する考え方がある。ひとつは若い世代で対人関係能力そのものが衰えてきており、その結果として晩婚化・未婚化を含めた種々の問題が起きているという説である（三浦 2005；長山 2005など）。もうひとつは、対人関係能力そのものが若い世代で衰えてきているわけではないが、社会の変化により、対人関係能力への需要が増えた為に、対人関係能力不足が問題になってきたという説である（本田 2005など）。この２つの対立する仮説を細部に分けて検証してみたい。まず、対人関係能力が若い世代において低くなっているかどうか（仮説１a、仮説１b）。対人関係能力は結婚の「起こりやすさ」に影響しているかどうか（仮説２）。さらに、対人関係能力が結婚において果たす役割の重要性は若い世代において大きくなっているのかどうか（仮説３）。

　上記の仮説を整理すると以下のとおりになる。

第1章　結婚の際に男性に求められる資質の変化

仮説1a　対人関係能力そのものが若い世代で低くなっている。

仮説1b　対人関係能力そのものに世代差はない。

仮説2　対人関係能力の高い人は結婚しやすい。

仮説3　若い世代において、対人関係能力の結婚に果たす役割が大きくなっている。

3　対人関係能力不足は未婚化の原因か

データ

　分析に使用した主なデータは「1985年　社会階層と社会移動全国調査（Social Stratification and Social Mobility Survey、以下SSM85調査と略称する）」のB票である（データの詳細については序章を参照）。男性のみの、1916年生まれから、1965年生まれまでのサンプル（調査当時、20歳から68歳）を分析に使用した（平均年齢、41.75歳）。最終学歴の構成は中学以下（25.7％）、高校（43.1％）、短大・大学（31.2％）である。また、最初に就いた職業（初職と呼ぶ）の構成は専門・管理（14.6％）、事務・販売（37.7％）、ブルーカラー・農業（52.3％）である。

　また、本章の分析では、「対人関係能力」を「結婚の起こりやすさ」に影響を与える重要な変数として扱うが、この対人関係能力の指標として、中学時代の対人関係能力について回顧的に聞いた設問への答えを用いた。中学時代の対人関係能力を変数として使用した理由は、因果関係の方向性を明らかにする為である。対人関係能力と結婚との因果関係は実は2通り考えられる。対人関係能力が元々高い人が結婚しやすくなるという因果関係と、結婚することによって対人関係能力が高まるという因果関係の双方がありうるのである。本章では前者を見ようとしているので、逆方向の因果関係の影響を排除する必要がある。その為、すべての結婚が起きる年齢よりも以前の時点である、中学時代の対人関係能力の値を知り、それと結婚の起こりやすさとの関連を知る必要があった。SSM85調査は、中学時代の対人関係能力に関して回顧的に聞いている設問を有している為、この目的に合致するので使用した。ただし、回顧的な設問への答えは、どうしても回答者の現在の状況により、バイアスがかかってしまうという弱点がある。つまり、中学時代にリアルタイムで聞いた場合の答えとは違っ

I　結婚・離婚にみる男女関係の変化

てしまう可能性があるのである。理想的には、パネルデータと呼ばれる、同一の被調査者を若い頃から経年的に追跡して、複数回にわたってリアルタイムで質問し続けるタイプのデータを用いることが望ましいが、現在の日本では使用できるパネルデータが非常に少ない為、不可能である。その為、SSM85調査の回顧的設問によって代用せざるをえなかった。使用した設問は具体的には、「中学時代に友達によく頼りにされたかどうか」というものである。回答には「まったくあてはまらない＝1」、「どちらかといえばあてはまらない＝2」、「どちらかといえばあてはまる＝3」、「よくあてはまる＝4」というように、対人関係能力が高いほど点数が高くなるよう、1－4点が割り振ってある。

対人関係能力と世代差

　この項では、まず仮説1a（対人関係能力は若い世代で低くなっている）と1b（対人関係能力には世代差はない）を検証する。中学時代の対人関係能力の指標を用いて、世代によって、対人関係能力の差があるかどうかを分析する。

　表1－1のクロス集計1はその分析結果であり、対人関係能力は世代によって差があることを示している。カイ2乗や尤度比はこのモデルの分析全体が有効であるかどうかを示す数値であるが、有意水準（.000）であり、この分析が有効であることを示している。個別のマスは、＊や†印がついている場合には、クロス集計表のどのセルが、全体に比べて統計的に意味のあるレベルで（「有意に」という表現を用いる）比率が高い、もしくは、低いのかを個別に示している（有意に比率が高い場合には下線をひいて表記し、低い場合には斜体字で表記してある）[1]。この中で最も高いレベルの対人関係能力を示す、「よくあてはまる＝4」の行を見てみると、中間の世代を抜かした全ての世代に＊印がついており、一番若い世代（「1956－1965」と「1946－1955」）において該当者の比率が低く（斜体字で表記）、年配の世代（「1916－1925」と「1926－1935」）で高い（下線付きで表記）。つまり、若い世代の方が、年配の世代に比べて対人関係能力が非常に高い人の比率が低い（＝つまり、対人関係能力が低い）傾向が窺える。

　しかしながら、2番目に高い対人関係能力を示す、「どちらかといえばあてはまる＝3」の行を見てみると、今度は正反対の傾向が観察される。つまり、年配の世代では「どちらかといえばあてはまる＝3」を選んだ人の比率が低く、

第1章　結婚の際に男性に求められる資質の変化

表1-1　対人関係能力と年齢のクロス集計

中学時代の対人関係能力	クロス集計1 低← →高				クロス集計2 低 高		合計
	1	2	3	4	1－2	3－4	
1916-1925	16	36	*40 **	*47 **	52	87	139
	11.5%	25.9%	28.8%	33.8%	37.4%	62.6%	100%
1926-1935	22	69	*71 **_	*84 **_	91	155	246
	8.9%	28.0%	28.9%	34.1%	37.0%	63.0%	100%
1936-1945	24	67	112	63	91	175	266
	9.0%	25.2%	42.1%	23.7%	34.2%	65.8%	100%
1946-1955	*12 **_	*97 *_	113	*47 **_	109	160	269
	4.5%	36.1%	42.0%	17.5%	40.5%	59.5%	100%
1956-1965	14	*35 †_	*83 **_	*27 *_	49	110	159
	8.8%	22.0%	52.2%	17.0%	30.8%	69.2%	100%
合計	88	304	419	268	392	687	1079

	値	自由度	有意度	値	自由度	有意度
ピアソンχ2乗	57.840	12	0.000	4.764	4	0.312
尤度比	58.267	12	0.000	4.790	4	0.310

注： ** は両側1％水準で有意、* は両側5％水準で有意、† は両側10％水準で有意。
　　下線部は残差が有意に大きい場合、斜体字は小さい場合を示す。
　　各生年の上段はサンプル数、下段は％。

若い世代では高い。つまり、「3」と「4」をあわせて、「あてはまる」と答えた人をひとまとめにしてしまえば、世代差は相殺される可能性がある。そこでクロス集計2で、対人関係能力の「1と2」と「3と4」の項目をそれぞれまとめて2段階にして再分析したところ、対人関係能力における世代差は消えてしまった（カイ2乗や尤度比も統計的に有意な差を示しておらず、個別のマスにも＊や†印がついていない）。つまり、対人関係能力を細かく見た場合には世代差が見られ、仮説2a（若い世代で対人関係能力が低くなっている）が支持されるものの、対人関係能力を大まかに見た場合には、世代差は消え、仮説2b（対人関係能力に世代差はない）が支持される結果となった。

対人関係能力・世代・結婚の起こりやすさ

　この項では「中学時代の対人関係能力」を示す指標を用いて、仮説2（「対人関係能力の高い人は結婚しやすい」）と仮説3（「若い世代において、対人関係能力の結婚に果たす役割が大きくなっている」）を検証する。中学時代の対人関係能

I　結婚・離婚にみる男女関係の変化

力を示す指標を用い、COX比例ハザード分析を用いて「対人関係能力」と「結婚の起こりやすさ」との関係を調べた。

　比例ハザード解析は、「生存分析」と呼ばれる、医療分野でも用いられる分析である。ある時点まで生き残っている人たちのうち、ある特徴をもつ人が、そうでない人に比べて、どの程度、死亡する確率が高いのかということを予測することができる。例えば、がん患者の場合、がんのサイズ、進行度、患者の年齢、使用した抗がん剤の種類などの特徴はその後の生存率に影響を与えると考えられるが、これらの個々の特徴の違いによって、ある時点まで生存している患者同士で比べた場合に、その時点における死亡の危険性がどの程度高くなるのか（または低くなるのか）を予測することができるのである。「死亡」のように、「それが起きるかどうかが分析対象になっている事象」を「イベント」と呼び、「ある時点までに、まだイベントが起きていない人に、その時点でイベントが起きる確率」を「ハザード率（危険率）」と呼んでいる。本章の分析の対象となる「イベント」は「死亡」ではなく、「結婚」である。男性がもつ様々な特徴（対人関係能力、学歴、職業）が結婚という「イベント」が起きる確率（ハザード率）にどのくらい影響するのか分析する。

　表1-2が「中学時代の対人関係能力」と結婚のハザード率との関連について示したものである。仮説2によれば、対人関係能力の高い人は、そうでない人に比べて結婚しやすい傾向が見られる（結婚のハザード率が高い）と予測される。表1-2モデル1が対人関係能力・生年と結婚のハザード率との関係を分析した結果である。＊や†の印がついている項目が、実際に「結婚の起こりやすさ（ハザード率）」に影響を与えると統計的に考えられる要素（「統計的に有意である」と表現される）である。また、「ハザード」と略して表記してある項目は「ハザード率の比」を示し、その項目の数値が1段階上がるごとに、「結婚の起こりやすさ」がその倍率だけ増える（または減る）ということを示している。モデル1の場合、対人関係能力の項目に†印がついており、ハザード率の比は1.066である。これは中学時代の対人関係能力の数値が1段階高くなると、「結婚の起こりやすさ」が1.066倍に増えるということである。これを図示したものが図1-1である。対人関係能力の値が大きくなればなるほど、結婚のハザード率は高くなっている。つまり、仮説1（対人関係能力の高い人は結婚しや

20

表1-2　中学時代の対人関係能力と結婚

		モデル1		モデル2		モデル3		モデル4	
		係数	ハザード	係数	ハザード	係数	ハザード	係数	ハザード
対人能力		.064	†	−.114		−.108		−.096	
		(.037)	1.066	(.077)	.892	(.077)	.898	(.077)	.908
生年		−.008	**	−.033	**	−.033	**	−.032	**
		(.003)	.992	(.010)	.968	(.010)	.967	(.010)	.969
交互作用		—		.009	**	.009	**	.009	**
				(.003)	1.009	(.003)	1.009	(.003)	1.009
教育	大学	—		—		−.182	†	—	
						(.093)	.833		
	高校	—		—		.065		—	
						(.081)	1.067		
	中学	—		—		—		—	
	(基底)	—		—		—		—	
職業	専門・管理	—		—		—		−.247	*
								(.108)	.781
	事務・販売	—		—		—		−.075	
								(.075)	.928
	ブルー	—		—		—		—	
	(基底)	—		—		—		—	
−2対数尤度		11290.818		11283.890		11275.310		11278.271	
χ2乗		12.188		18.245		26.646		23.730	
自由度		2		3		5		5	
有意度		.002		.000		.000		.000	
イベント		919		919		919		919	
センサー		160		160		160		160	
合計		1079		1079		1079		1079	

注：*** は両側0.1％水準で有意、** は両側1％水準で有意、* は両側5％水準で有意、† は両側10％水準で有意。

すい）は支持されたことになる。また、生年に関しては、生年の数値が増える
ほど（つまり、世代が若くなるほど）結婚の起こりやすさが減る（0.992倍になる
ということは、1倍よりも少ないので減るということである）ということを示して
いる。

　仮説3では、若い世代において、対人関係能力の結婚に果たす役割が大きく
なっていると予測されている。表1-2モデル2は、対人関係能力と生年の交
互作用項を入れることで、対人関係能力と世代との関係を検証している。交互
作用項というのは、2つの項目の「相乗効果」を調べるものである。この場合
は、世代と対人関係能力の組み合わせによって、「結婚の起こりやすさ」に影
響があるかどうかを調べる為に用いる。交互作用項には＊印がついており、ハ

I　結婚・離婚にみる男女関係の変化

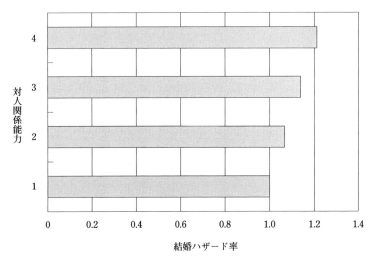

図1-1　対人関係能力と結婚のハザード率（全体）

ザード率の比は1.009である。つまり、相乗効果は存在するということであり、生まれた年が1年増えるごとに（若い世代になるほど）、対人関係能力の「結婚の起こりやすさ」への影響が1.009倍増えるということを示している。これを図示したものが、図1-2である。1916年生まれの世代では、対人関係能力が低い者ほど結婚ハザード率が高かったのに、1929年生まれの世代あたりを境に逆転し、その後の世代では対人関係能力の高い者ほど結婚ハザード率が高くなっている。この結果は、予測された通り、若い世代になるほど、対人関係能力が結婚の起こりやすさに果たす役割が大きくなっていることを示している。1929年生まれというのは終戦当時16歳の世代であるが、恐らくこの頃から恋愛結婚が増えていき、徐々に対人関係能力が結婚に果たす役割が大きくなっていったと考えられる。

　表1-2モデル3と4では、さらに「結婚の起こりやすさ」に影響を及ぼすと思われる、他の特徴（本人の学歴や、初職の職業）の影響も考慮して分析した。学歴等の属性は人々の行動に影響を与えると考えられている。その為、これらの属性の影響を考慮してもなお、対人関係能力の影響が残るかどうかを確認す

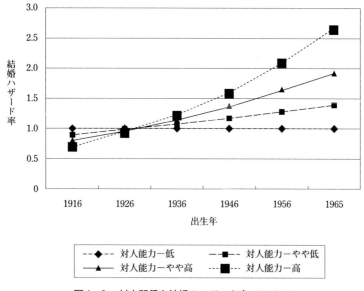

図1-2 対人関係と結婚のハザード率（出生年別）

る必要があるのである[2]。対人関係能力と世代の交互作用は双方のモデルにおいて＊印がついており、1.009倍である。つまり、学歴や初職といった属性の影響を考慮してもなお、中学時代の対人関係能力の高さが「結婚の起こりやすさ」を高めるという傾向は若い世代において強いことが確認された[3]。

4　個人の能力を補うマッチング制度の衰退

仮説の検証結果のまとめ

本章では対人関係能力と結婚との関連について、男性サンプルを対象に仮説1aから4つの仮説の検証を試みてきた。

対人関係能力と世代差についての分析であるが、仮説1a「若い世代ほど対人関係能力が低い」1b「対人関係能力は世代では変わっていない」に関しては1aが支持された。少なくとも「友達によく頼られる」という面に現れた対

人関係能力に関しては、年配の世代に比べ、若い世代では低くなっているという傾向が確認された。ただし、対人関係能力を大枠で見た場合には（2段階で）、世代間の差は消えてしまった。つまり、対人関係能力に世代差がある傾向が窺えるが、大まかに見た場合には世代間に違いはないとも言える。

仮説2「高い対人関係能力は結婚可能性を高める」に関しては支持された。中学時代に対人関係能力が高かった者は結婚しやすい傾向が見られた。

仮説3「若い世代では対人関係能力が結婚に果たす役割が大きくなってきている」に関しても支持された。対人関係能力と生年の交互作用項と結婚は有意に正に関連しており、年配の世代よりも若い世代において対人関係能力が結婚に果たす役割が大きいことが明らかになった。

つまり本章の最初で提示した、2つの仮説「若い世代で対人関係能力自体が衰えており、その結果として晩婚化・未婚化を含めた種々の問題が起きている」と「対人関係能力自体が若い世代で衰えているわけではないが、社会や女性の側において対人関係能力がより多く求められるようになった為に、対人関係能力不足が問題になってきた」とで言えば、前者も後者もある程度あてはまるということである。若い世代で対人関係能力が衰えているといえば衰えているし（ただ大枠で見ると、世代差はない）、一方、対人関係能力の重要性が若い世代において大きくなっているという傾向も窺えるということである。

マッチング制度の衰退との関係

本章の分析により若い世代において対人関係能力が結婚に果たす役割がより大きくなってきているという傾向が示された。この知見は岩澤・三田（2005）が指摘した職縁結婚の衰退の分析の知見と合致する。

岩澤・三田によれば、過去30年間の初婚率の低下の9割は見合いや職場関係での結婚（職縁結婚）が減少したことにより説明がつくという。いわば、マッチングを補助してきた「制度」が崩れて、それまで「制度」によって確保されてきた分のマッチングが起こらなくなったというのである。岩澤らによれば、高度成長期の企業社会では、企業が従業員の結婚に気を配ることもごく自然なことであった。一般職女性の雇用制度も「結婚相手候補」を供給する機能を果たしていた。しかし、経済状況が悪化するにつれ、企業はマッチング・メーカー

としての役割を降りてしまった（岩澤・三田 2005）。つまりは、かつてはたとえ自分から女性に声をかけられないようなシャイな男性であっても、見合いや職縁という「制度」の助けにより結婚できていたものが、現在はそのような「制度」がなくなってきた故に、シャイな男性は結婚しにくくなっているという図式だと理解できる。つまりは「制度」がなくなった分、対人関係能力──自分で積極的に動いて、縁をつなげていく能力──が結婚において果たす役割が若い世代で大きくなってきていると考えられるのである。

　このような状況下で、結婚率を上昇させようとするならば、新たなマッチメーキングの「制度」を時代にあった形で提供することが役立つと思われる。たとえば、インターネットを用いた結婚情報サービスがあるが、同じようなシステムを公的な機関等により安価に信頼できる形で拡充させる等の可能性が考えられる。他方で、個人や家族の側でも、対人関係能力を改善し、ネットワークを広げる努力も必要であると思われる。家族との関係の先行研究（本田 2005；永井 2006など）でも、対人関係能力は家族等、身近な人と良好な関係をもつことで培われる可能性が示されている。家庭内ばかりでなく、学校教育においても、対人関係能力を、将来的に役立つ重要な能力であると認識して、意識的に磨くようにしむけることも役立つ可能性がある。

マリッジプレミアム研究との関連

　マリッジプレミアム研究と呼ばれる一連の研究では、男性は結婚することで賃金が上昇するという傾向が確認されているが、その現象を説明するのに2つの対立する仮説がある。「結婚することで男性の生産性が高まる為に賃金が上昇する」という仮説と「元々もっている能力の違いが結婚の起こりやすさにも賃金上昇にもつながっている」という仮説である（川口 2001など）。この2つの仮説は本章の分析にも該当する。「結婚したから、対人関係能力が上がった」のか、それとも「対人関係能力が高いから、結婚できた」のか、2つの仮説が考えられるのである。本章の分析では、時系列的に結婚以前の時点（中学時代）の対人関係能力と結婚の起こりやすさとの関連を見ることで因果関係を検証することができた。子どもの頃の対人関係能力は大人になってからの結婚の起こりやすさに影響している。つまり、マリッジプレミアム研究で言うところの

I 結婚・離婚にみる男女関係の変化

「元々もっている能力の違いが結婚や賃金上昇につながっている」という仮説が一部支持されたことになる（ただし、だからと言って、もう１つの「結婚することで男性の生産性が高まる」という仮説を棄却することはできないのであるが）。

今後の課題

最後に、今後の課題について３点述べたい。本章では「対人関係能力」の指標として「友人によく頼られたかどうか」という設問を使用してきたが、人に頼られるかどうかというのは、対人関係の１つの形態に過ぎない。今後、対人関係能力の結婚や職業への影響を分析し、さらにその規定要因を探る際には、より幅広く、多様な対人関係に関する能力を測る変数を使った分析が望まれる。

次に、本章で使用したデータは、一時点で聞いているデータであり、この点でも限界がある。例えば、中学時代の対人関係能力については、過去を振り返ってもらって聞いているわけであるが、前述したように、これは中学時代に聞いた場合の答えと違っている可能性がある。現在の状況等によって、過去の記憶にバイアスがかかってしまう可能性があるのである。この限界を超えるには、パネルデータと呼ばれる、同じ調査協力者を長期間にわたって追跡して調査し続けるという形のデータを利用する必要がある。ただし、現在使用可能なパネルデータは少なく、現時点ではなかなか難しい状況である。将来的に、パネルデータの充実に期待したい。

また、本章では、男性の側の対人関係能力に焦点をあてて分析を進めてきたが、結婚のマッチングは本来、男女双方が関わって起こるものである。当然、女性の側の対人関係能力も関係していると思われる。この為、女性の側の対人関係能力と結婚との関連も検証することも今後の課題にしたい。

謝辞
「1985年 社会階層と社会移動全国調査」の個票データの使用にあたって、2005年SSM調査研究会の許可をえた。調査にかかわった全ての方々に深く感謝いたします。

注
１）これは残差の分析である為、より正確には「それぞれのセルに対応する世代

と対人関係能力の該当者の割合が、2変数間の独立である場合に比べ、有意に大きいか小さいことを示している」と表現されるべきである。

2）学歴と職業は相関が少なからずあるので、別々に投入した。

3）なお、モデル3では、基準となる中卒者に比べ、大卒者の「結婚の起こりやすさ」が0.833倍と、低くなっていることが、またモデル4では、基準となる、最初の職業（初職と呼ぶ）がブルーカラー職だった人と比べて、初職が専門管理だった人は「結婚の起こりやすさ」が0.781倍と、低くなっていることが示されている。これは恐らく、これらの人々は高学歴である為、職業について安定するまで、結婚を先延ばしにする傾向があるからだと考えられる。

第2章

なぜ離婚リスクは社会階層により異なるのか

三輪　哲

1　社会階層と離婚

問題の所在

　本章の目的は、社会階層が離婚に対してどのように影響を及ぼすのか分析することである。社会階層とは、簡単にいえば、社会における様々な「層」ごとに資源の保有状況および獲得機会が異なる不平等構造をいう。本研究においては、社会階層によって離婚のリスクが異なることを示し、人々の意識を媒介として離婚リスクの階層差が生じるとみて実証的に検討をおこなう。

　離婚現象は階層研究の対象となるべき重要なテーマである[1]。なぜなら離婚は当事者の到達する社会階層に影響するイベントであるし、離婚の発生率自体に階層による差がみられるからである。前者に関しては、子女の教育および社会経済的地位達成に離婚によるダメージがあることは、学術研究によって明らかにされている[2]のみならず、われわれの日常経験的知識とも合致するところであろう。後者については、生活機会の階層間格差問題の1つとして扱われる伝統的テーマであり、階層によって離婚率に違いがあることが実証されてきた[3]。

　さて、日本社会の離婚現象に注目すると、長期的にみてそれが増加傾向にあることはよく知られている。そのことは離婚件数の増加でも、人口をコントロールした離婚率でも裏付けられる。「平成16年人口動態統計」（厚生労働省大臣官房統計情報部）によって統計数値を確認すると、1999年以降、1年間での離婚件数は安定して25万件を超える水準にあり、離婚率（千人あたり離婚件数）は、同じく1999年以降、2を超えている。2004年における離婚率は2.15であったが、

29

I 結婚・離婚にみる男女関係の変化

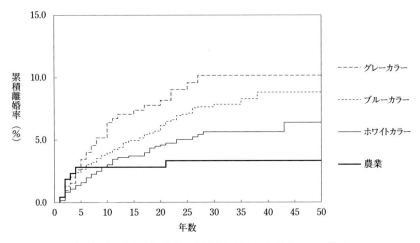

図2-1 初職別にみた、男性の初婚経過年数と累積離婚率

それは10年前の1.4倍、30年前の2.1倍にあたる。長期的にみたときにはなおさら、近年の離婚の増加の様相がいかに急激であることか理解できるだろう。

以上のような量的拡大を経て、現代の日本社会を分析する上でも、離婚現象は無視できないものとなってきた。階層研究においても、離婚に対して階層が、どの程度、どのように影響していくのかを精査すべきである。つまり単に離婚率に階層差があることを見出すだけでなく、それがどのようなプロセスを通して生じるのかを体系的に示さなければならない。これまで接点の少なかった日本における階層研究と離婚研究との架橋が、まさに今求められているといえる。そこで社会階層をキー概念として、離婚の社会構造的基盤を探索することこそが、本章のねらいである。

離婚率の階層間格差

さて、まずは社会階層と離婚の間に関係があることを確認しよう。JGSSデータを用いて、カプラン=マイヤー法[4]によって初婚の経過に伴う累積離婚率を分析した結果を図2-1に示した[5]。

ホワイトカラー（専門・管理・事務）、グレーカラー（販売・サービス）、ブルー

第2章　なぜ離婚リスクは社会階層により異なるのか

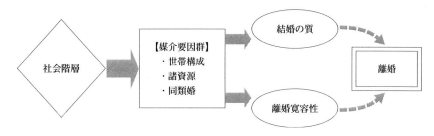

図2-2　想定される因果メカニズム

カラー（熟練・労務など）、農業の4つの階層に分けると、明らかな離婚率の違いがあることがわかる。離婚が最も起こりにくいのは農業層であり、それにホワイトカラーが続く[6]。逆に離婚が起こりやすいのは、グレーカラーとブルーカラーにおいてである。統計的検定をしたところ、これら2つのグループの間で有意な離婚率の差があることが明らかとなった[7]。

なぜ農業とホワイトカラーでは離婚が起きにくいのか
　農業とホワイトカラーにおいて離婚が起きにくいことが確認されたことに、やや違和感をもたれた読者もいるかもしれない。なぜなら、この両階層はあまりにも異なる性質をもつと考えられるからである。そこで、これらの階層が有するどのような特質によって、離婚が妨げられているのか、次に考えてみたい。
　社会階層から離婚にいたる因果関係をモデル化し、図示したものが図2-2である。点線矢印で表現した箇所は、データの制約から本章で直接に検証できないものの、理論的には関連することが期待される、すなわち仮定された関連である。他の矢印は実証的に検討する関連であり、以下でそれらに関して説明をおこなう。
　階層と離婚をつなぐ中間概念として本章で扱うのは、結婚の質と離婚寛容性である。野々山（1985）は離婚に関する先行研究を包括的に整理し、家族社会学においては離婚をうながす要因として結婚の質（marital quality）という概念を中心に展開していることを論じた[8]。結婚の質とは、「従来から家族社会学において用いられてきた諸概念によって捉えなおせば、結婚の順応性、結婚

31

の満足、結婚の幸福、夫婦間の葛藤と役割緊張、コミュニケーション、結婚の統合性などといった諸概念を意味する」（野々山 1985:150）ものである。結婚の質が高いほど、離婚は起きにくくなるであろうことが予想される。

　一方、離婚寛容性とは、「離婚にたいする人々の態度における寛容さ」（野々山 1985:97）を意味する。他の条件が等しければ、離婚寛容性が高いほど離婚が起きやすくなるであろうことはほとんど自明である。社会において離婚寛容性が高まったことによって離婚率が上昇したと指摘する研究も存在する[9]。結婚の質と離婚寛容性という2つの概念は、それぞれ、離婚の抑制要因、促進要因としてみなすことのできる社会心理学的概念である。

　これらの概念に対する階層の影響がみられるとしたら、さらにいかなる要素によって結婚の質や離婚寛容性といった意識の階層差が生み出されるのかを考えていくことが重要となる。それら意識と階層とをつなげる要因の候補としては、子ども数や子どもの年齢段階、同居する夫婦以外の成人数といった世帯構成がある。小さい子どもの存在は離婚寛容性を下げるであろうし、同居成人数が多くなるほど夫婦のみでコントロールできる部分が減少するため結婚の質は低くなるだろう。

　他にも、経済的資源や夫婦の健康度などの諸資源も、結婚の質と階層とのあいだに存在する要因になることが考えられる。それらの資源が結婚幸福度の規定要因であることは幾多の研究で明らかにされているし（岩井 2002）、同時に階層と関係することも知られているからである[10]。

　結婚の質に効果をもちうる別の媒介要因として、同類婚を考えることもできる。同類婚とは、属性や地位が似たもの同士が結婚することをいう。夫婦それぞれの階層的地位が類似していれば、話題や価値観を共有できる可能性は高くなるので、結婚の質は高くなりやすい。逆に夫婦の階層的地位がかけ離れていれば、話がかみ合いにくく、生活するうえで重要視するポイントにずれが生じるなどの事情で、結婚の質は低くなりがちなのではないか。つまり、同類婚は夫婦間での潜在的な文化的障壁の低さを意味するものとなって、結婚の質を高めると推察される。

　以上の予備的考察に基づいて、階層から離婚に至る経路に関する仮説を考えてみよう。

仮説1　農業層では伝統的な家族規範の影響が比較的強く、離婚寛容性が低くなる。その結果として、農業層の離婚率は低く抑制される。

　農業層では、離婚を認めない規範が強いゆえ、離婚をしにくい傾向があるように推測される。それが正しければ、離婚寛容性に対する負の効果が観察されるはずである。さらに、その効果は文化的なものゆえ、他の変数を統制した後であっても離婚寛容性に対する農業層の負の効果は残ることが期待される。

仮説2　ホワイトカラー層は保有資源に恵まれているため、結婚の質が高くなる。その結果として、ホワイトカラー層の離婚率は低く抑制される。

　結婚の質が高ければ離婚をする動機が低下することは自明である。ではどのような階層において結婚の質が高いかといえば、比較的高い階層とされるホワイトカラーであろう。なぜなら、彼らは富や財などの資源に恵まれて生活条件がよいので、順調な結婚生活を過ごすための物質的基盤において劣ることはないからである。もしこの仮説2が正しいのであれば、結婚の質に対するホワイトカラーの正の効果がみられるだろう。そして保有している資源に関する諸変数を統制した後には、結婚の質に与えるホワイトカラーの効果は大きく減少する、すなわち階層と結婚の質の関連が保有資源により説明されることが予想される。

仮説3　夫婦が同じ階層に属していれば、両者の文化的ギャップは小さくなり、結婚の質が高くなる。その結果として、離婚率は低く抑制される。

　仮説3は、いわば同類婚仮説である。夫婦間での属性が似ていれば、両者間の文化的なギャップが小さくなるため結婚の質が高くなると思われる。そのよ

I　結婚・離婚にみる男女関係の変化

うに、同類婚は結婚の質を媒介して離婚を起きにくくさせる間接効果をもつことが予想される。

　これらの仮説の検証にあたって注意が必要なのは、離婚イベントに時間的に先行して意識の測定がなされていないゆえに、これ以降の分析は離婚寛容性と結婚の質という意識変数の規定要因分析に限られる点である。あくまで離婚の発生とこれら意識との関連を前提とした上で意識の分析結果を解釈していることを理解されたい[11]。

2　農業層だけが離婚寛容性が低いのか

　それでは、分析結果に進みたい。離婚寛容性と階層との関係を検討するために順序ロジット回帰分析[12]を行った。男性サンプルの分析においては「一般に、結婚生活がうまくいかず幸せではない場合、夫にとっては、離婚に踏み切った方がよい」（傍点は筆者による）という質問への回答を、女性サンプルでは「一般に、結婚生活がうまくいかず幸せではない場合、妻にとっては、離婚に踏み切った方がよい」（同）への回答を被説明変数とした。両側10％水準で統計的有意であった係数のみ、その値を図中に表示した。係数がプラスであれば離婚に対して寛容になりやすいという意味に、逆にマイナスの値は離婚寛容性を低めるという意味になる。なお分析する対象は、既婚かつ夫が有職、本人の年齢が69歳までの回答者に絞っている。

　モデル1はベースラインとして、夫婦それぞれの階層、夫と妻の現在の階層的地位が同じ場合（例えば夫婦ともブルーカラーであるなど）に1をとり、そうでなければ0をとる同類婚をあらわすダミー変数[13]、その他に本人年齢、結婚年数、結婚年数の2乗項、本人教育年数を含めている。モデル2では家族構成にかかわる変数群（子ども数、子どもの年齢段階、同居している成人数）を投入、さらにモデル3ではモデル2の全変数に加え保有資源をあらわす変数群（世帯収入、夫婦の健康度）を投入した。

　図2-3に、その分析結果を表示した[14]。離婚寛容性に対する階層の効果は、それほどはっきりとは表れなかった。男性サンプルでは階層の効果は有意ではなかった（グラフ表示は割愛）。そしてまた女性サンプルにおいても、妻自身の

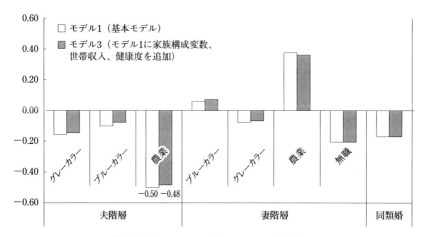

図2-3 離婚寛容性に関する順序ロジット回帰係数（女性サンプル）

階層の効果はみられなかった。

　弱い主張ながら、部分的にのみ仮説1は支持されたということができる。なぜなら女性サンプルに限られるが、農業層のマイナスの効果があらわれているからである。マイナスということは、夫が農業層である女性は、離婚に対して寛容ではない傾向が強いということである。しかもそれは、家族要因を統制したモデル2、さらに保有資源を統制したモデル3においても関連の大きさが変わらずに保たれている。これらの知見は前項で述べた仮説1による予測と整合的である。ただし、なぜ妻本人ではなく夫の階層だけ効果があるのか、さらなる疑問を生む結果でもある。これらについては本章の第4節で考察することにしたい。

3　結婚の質を高めるメカニズムはいかなるものか

結婚の質に対する社会階層の影響

　次に、結婚の質に関する分析結果を図2-4と図2-5よりみてみよう。ここでは、結婚幸福度を被説明変数として、順序ロジット回帰分析をおこなった。

I 結婚・離婚にみる男女関係の変化

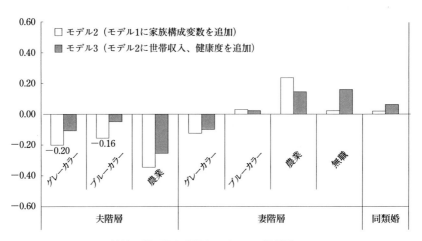

図2-4 結婚の質に関する順序ロジット回帰係数（女性サンプル）

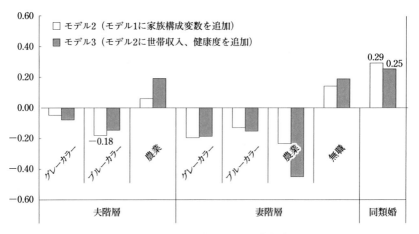

図2-5 結婚の質に関する順序ロジット回帰係数（男性サンプル）

対象者の絞込み条件、モデル、結果の表示方法は前節のそれと同じである。係数がプラスなら結婚幸福度を高める効果があり、逆にマイナスであればそれを低める効果があると読める。

女性サンプルで統計的な有意差が観察されたのは、夫階層でのホワイトカラー

第2章　なぜ離婚リスクは社会階層により異なるのか

とグレーカラーとの間の差と、ホワイトカラーとブルーカラーとの間の差においてである。それら両者の幸福度の差は、子ども数や子どもの年齢段階、および同居成人数を統制したモデル2でもほぼ変わることはなかった。ところが、世帯年収、夫婦それぞれの健康度を新たに投入したモデル3では、夫階層に関して統計的有意な係数はみられなくなる。グレーカラーとホワイトカラーとの差はモデル2における－0.20からモデル3の－0.11へ、ブルーカラーとホワイトカラーとの差は－0.16から－0.05へと変わった。これは、階層と結婚幸福度との関係を媒介する変数が投入されたことによる変化である。つまり階層によって保有資源量が異なり、保有資源が異なることにより結婚幸福度の違いができていたというわけである。

　男性に関しては、夫すなわち本人階層での、ブルーカラーとホワイトカラーとの間の違いのみ統計的有意であった。ブルーカラーは、ホワイトカラーと比べると、結婚の質が低い。だが保有している資源量を考慮したモデル3の結果では、ホワイトカラーとブルーカラーとの結婚の質の違いは縮小し、もはや統計的有意ではない。

　これらの知見を総合的にみると、ホワイトカラーが保有資源を通して結婚の質を高めるとする仮説2は、ある程度妥当であると思われる。もっとも、ホワイトカラーだけが他のすべての階層よりも結婚の質が高いわけではないので、厳密にいえば仮説2の言明通りの結果が得られたとはいえない。だが男女間で有意差がみられた箇所が異なるけれども、ホワイトカラー層の結婚の質は、他と比べて相対的に高いことに関しては基本的に同じである。そしてまた、階層による結婚の質の差異が保有資源によって説明されることなども鑑みると、部分的ではあるものの仮説2に対して支持的な結果であると解釈できるだろう。

同類婚の効果

　仮説3の同類婚仮説を検討するために、モデルには同類婚をあらわすダミー変数を加えている。もし仮説3が正しければ、同類婚が結婚の質に対するプラスの効果をもつはずである。

　再び図2-5より結果を確認すると、男性サンプルではすべてのモデルにおいて同類婚の係数は5％水準で統計的に有意であった。その符号がプラスになっ

37

ていることから、妻の階層と夫のそれが同じであれば、そうでない場合よりも
結婚幸福度が高まる傾向があるといえる。渡辺・近藤（1990）によれば、現在
の職業に基づく階層同類婚が起きやすいのは農業層と上層ホワイトカラー層で
あるので、同類婚はそれらの離婚率を低める方向へと間接的に寄与することに
なろう。階層的な同類婚の効果の意味は、夫婦お互いのもつ下位文化が同質的
なほど離婚のリスクが小さいということである。ここでの下位文化は階層特有
のものであるため、生活様式や生活機会の微妙な差異とも関係してくる。それ
ゆえに、夫婦という、まさに生活を共有する関係の維持にとってはきわめて重
要な要因となる可能性がある。そして前述のように、同類婚の起こりやすさに
も階層による違いがあるため、結果的に階層間の離婚傾向の格差を強化するも
のとなるのではなかろうか。

4　離婚のリスクは社会階層により異なる

知見の要約

　本節では、まず分析結果を要約し、その後にさらなる議論をおこなうことに
したい。離婚率には社会階層による違いがあるのか、という問いに対しては、
階層差が発見されたと答えてよいだろう。グレーカラーやブルーカラーと比較
して、農業層とホワイトカラー層では離婚が発生しにくいことがわかった。

　結婚の質、離婚寛容性には社会階層による差異があるのか否かを問うならば、
男性の離婚寛容性のみを例外として、夫職業に基づく社会階層による違いがみ
られたと回答できる。それぞれ農業とホワイトカラー層の離婚率の低さを支え
るものとなっていると思われる。

　そして第3に、結婚の質と階層の関係、および離婚寛容性と階層との関係を
媒介している要因の探索については、答えはやや複雑である。結婚の質に関し
ては、収入や健康など諸資源が媒介している要因であるということができる。
だが離婚寛容性については、媒介要因を発見することはできなかった。よって、
モデルに投入した変数以外の特性によるものといわざるをえない。それは主に
農業層の妻のもつ価値や文化的側面にかかわることが推察される。

　提示した3つの仮説を評価すると、次のようにいえる。まず仮説1「農業層

の文化による離婚抑制仮説」は農業層の妻のみが適合し、部分的支持が得られた。仮説2「ホワイトカラー層の保有資源に基づく離婚抑制仮説」は概ね支持できることがわかった。そして仮説3の「結婚の質を媒介しての同類婚の離婚抑制効果」については、男性においてのみ実証される結果となった。

　結局のところ、顕在的な離婚発生はもちろんのこと、潜在的な離婚リスクの代替指標と考えられる2つの概念——結婚の質と離婚寛容性——のレベルでも、社会階層による影響を免れてはいなかった。社会階層は資源分配の格差を通して、また文化的な障壁を通して、離婚リスクへの無視しえぬ影響力を現代日本においても保持している。階層的地位のもたらす帰結としての離婚リスクの格差、そのようにとらえることが分析結果を総合的にみた上での妥当な結論であろう。

夫階層の効果をどのようにとらえるか

　2つの離婚とかかわる概念の規定因を分析したところ、階層の効果としてあらわれたのは、夫階層のみであった。これが何を意味するのか、ここで考察してみたい。

　離婚を生み出す要因に対しては、夫の階層の効果だけしかみられなかった。男女の共働化が進む時代ではあるが、こと離婚に関連する問題への意識に関しては、今なお男性世帯主の階層の影響が強いのではないだろうか[15]。考えられる理由の1つとしては、やはり経済的要因が挙げられよう。いまだに成人男性が家計を支える割合が多いので、夫の階層如何により結婚生活を支える物質的条件が大きく変わるのである。よって、結婚の質に対しては、妻個人の属する階層はあまり影響を与えず、その代わりに夫階層こそが重要な決定因になると解釈可能である。

　それに加えて、嫁として男性の「家」へと入っていくことが多いゆえに、男性側のもっている価値や規範などの文化的要素を、女性が受容ないし内面化しやすい傾向があるのかもしれない。もしこの推測が正しければ、夫階層だけが離婚に関する意識と関連があることのまた別の説明となりうる。

　本章で具体的に分析の俎上にあげた離婚寛容性や結婚幸福度は回答者個人の意識を測ったものであった。それらに対してさえ、女性自身の階層的地位では

なく、夫の階層的地位による影響が大きいことを見出したのは重要である。それというのも、離婚にかかわる意識は世帯を単位としてとらえた階層状況によって決まる、という今後検証されるべき仮説を発見し、階層の単位をめぐる議論における新たな論点を提示したに等しいからである。

女性の雇用労働への就業は離婚を増加させるのか

　女性の雇用労働就業が進み、夫婦の立場が対等に近づいていくとされる現在、離婚と女性の就業状況の関係はどこへ向かっているのであろうか。女性が仕事をもつことによって経済的な基盤ができるため、離婚をしやすくなるかのように語られることがしばしばあるが、それは本当だろうか[16]。結論を先に言うと、本章で離婚にかかわる意識要因について分析した結果は、その議論を支持するにはほど遠いものであった。

　妻にとって離婚を許容する意識は女性個人の階層によっては変わらなかった。もし女性の経済的自立が離婚を促すとするなら、女性個人の階層的地位が高くなると、離婚に対する切実な感覚は薄れ、とりわけ無職の場合に比べて離婚寛容性が相対的に高くなってもおかしくはないはずであろう。だが結果はその通りではなかった。

　女性の階層的地位はまた、どの程度の結婚生活で幸福と判断するかという基準へ影響することが考えられる。すなわち、同じ年収500万円の生活であっても、女性の階層的地位が高ければそれは貧しく感じられ不幸と思い、他方で階層的地位が低ければそれでも豊かと思われ幸福と思う、そのような違いが生じる可能性は十分にある。ところが、これもまたデータ分析によって退けられた。結婚幸福感も女性個人の階層的地位とはほとんど関連がみられなかった。

　結局他の条件が等しければ、女性の階層的地位によって離婚に関する意識が異なるという証拠は得られなかった。既に述べたとおり、女性の離婚寛容性と結婚の質の違いは夫の階層によるのであり、妻個人の階層的地位ではない。もっとも本章の分析は意識に限られるので、離婚行動そのものの分析は行っていない。確かに離婚行動に対して妻自身の階層的地位の影響がある可能性は検討の余地が残されているけれども、加藤（2005）の分析結果によれば、妻階層が夫階層を超えるほどの効果をもつことはなさそうである。

第2章　なぜ離婚リスクは社会階層により異なるのか

　よって本章では、女性の就業によって離婚が増加するという見方にはどちらかといえば否定的な見方をする。少なくとも、離婚と密接にかかわる意識的要因を通して、女性自身の階層的地位と離婚との関係が強化されるというようなことは考えがたい。マクロレベルの統計データでは、女性の就業率と離婚率の間に正の相関関係があらわれるのかもしれない。だがそれは社会が豊かになるにつれ、女性は外で働くようになるのと同時に離婚も増えていったというだけのことであり、因果関係といえるものではない。現在の日本社会についてのミクロレベルの分析を通して考察する限り、女性の雇用労働が増えたとしてもそれを離婚を促す要因とするのは妥当とは思われないのである。

謝辞

　「日本版General Social Surveys（JGSS）」は、大阪商業大学地域比較研究所が、文部科学省から学術フロンティア推進拠点としての指定を受けて（1999－2003年度）、東京大学社会科学研究所と共同で実施している研究プロジェクトである（研究代表：谷岡一郎・仁田道夫、代表幹事：佐藤博樹・岩井紀子、事務局長：大澤美苗）。東京大学社会科学研究所附属日本社会研究情報センターSSJデータアーカイブがデータの作成に協力している。

注

1 ）これまでの日本の階層研究では、離婚の問題には重きを置かれていなかった。日本社会において離婚が少なかったことが階層研究者の関心を喚起させなかったということだろう。ただし野々山（1986）のように、家族社会学者による階層と離婚の関係についての理論モデルを提示した研究も存在する。

2 ）Bumpass and Rindfuss（1979）やJonsson and Gahler（1997）、Kalmijn（2005）などの研究を参照されたい。

3 ）古くはGoode（1956）、比較的最近のものではJalovaara（2001）などの研究がある。

4 ）カプラン＝マイヤー法は、生存時間分析といわれる手法群のうちの1つである。離婚のように、現在までに起こってはいなくとも将来は起こりうる、というようなデータを扱う際に有効である。詳しくは、大橋・浜田（1995）などを参照のこと。

5 ）本来ならば社会階層は時間依存の共変数として扱うべきであろうが、利用できる情報の制約のため、離婚に時間的先行すると仮定しうる男性の初職階層の情報により代替した。なお女性については、離婚時点で初職とはまったく別の就業状況（無職含む）にある確率も高いため、ここでの分析対象から除

41

I　結婚・離婚にみる男女関係の変化

外した。

6）本章の分析は初職階層のみを説明変数としたものであるが、出生コーホート、初婚年齢、本人学歴を統制したイベントヒストリー分析でもほぼ同様の結果になることが確認されている（三輪 2006）。

7）ここではログランク検定を用いた。4つの階層を、ペア単位で離婚率の違いを調べたところ、農業とホワイトカラーの組み合わせ、およびブルーカラーとグレーカラーの組み合わせのみ、5％水準で統計的有意ではなかった。それゆえに、離婚の少ないグループ（農業、ホワイトカラー）と多いグループ（グレーカラー、ブルーカラー）に分けられると考えられる。ログランク検定についても前述の大橋・浜田（1995）を参照のこと。

8）結婚の質を中核に位置づけて統合的な理論化を図った研究としてはLewis and Spanier（1979）が挙げられる。家族心理学的研究においても、結婚の質は離婚と関連する要因として重要な研究対象となっている（Stanley et al. 2006）。

9）離婚寛容性は、アメリカにおける離婚率上昇の要因として社会学的に注目された（Glick 1975）。

10）階層と健康の関係についてはそれほど自明ではないが、Pappas et al.（1993）やWilliams and Collins（1995）などに代表されるような研究蓄積がある。日本に関する研究成果としては、石田（2006）が参考になる。

11）本来は、パネル調査データなど縦断的データを用いて検証すべきところである。しかしその場合でも、離婚イベント経験のある個体を十分に含まれるようにするには大きな規模のサンプルが必要となることや、離婚した個体をも脱落させずに追跡調査をしてバイアスを発生させないことなど、困難な問題は山積する。

12）順序ロジット回帰分析に関しては、Agresti（1996＝渡邉ほか 2003）、Boroooah（2001）などに詳しい説明がある。

13）ここでの分析においては、妻の階層のみ「無職」というカテゴリーを設定している。そのため妻が無職の場合は、職業階層に基づく同類婚状態ではない、ということになり、同類婚ダミー変数は0の値をとる。

14）順序ロジット回帰分析の結果出力のうち、階層に関わる係数のみをグラフ化し、他の統制変数のそれについては表示を割愛した。図2-4および図2-5も同様。モデル3において含まれる全変数の欠測値をリストワイズに処理した結果、離婚寛容性の分析では男性のサンプルサイズは1,329、女性は1,529、結婚幸福度の分析では男性サンプルサイズが2,045、女性は2,306であった。2002年のJGSSでは離婚寛容性をたずねていないため分析に含めることができず、その分だけサンプルが小さくなっている。

15）階層をとらえる際に、世帯を単位とするのか、それとも個人を単位とするのかは、しばしば議論の焦点となる（Edgell 1993＝橋本 2002）。本章での分析は、夫と妻の階層的地位をそれぞれ独立に投入したのであるから、個人を単

42

位にしたといってよい。そうすることによって、男性世帯主の地位で代表させるアプローチではとらえきれない女性自身の階層的地位の効果を検証しようとしたのであるが、分析の結果、夫の階層のみの効果が検出された。なお、加藤（2005）による離婚イベントを被説明変数とした分析でも、夫職業の強い効果が確認できる。

16) Jalovaara（2003）は夫の収入が高くなると離婚リスクは減少するのに対して、妻の収入が高くなるとむしろ離婚リスクを増加させると論じた。

II

夫婦間のサポート関係

第 3 章

夫婦間で仕事と家事の交換は可能か

水落正明

1 共働き世帯の家計構造と家事分担

問題の所在

これまでわが国の中心的な家族モデルは専業主婦世帯であった。夫は家庭の外で仕事し、妻は家庭内で家事をするといういわゆる性別役割分業である。言い方を変えれば、家計の負担は夫が、家事の負担は妻が受け持っていた。しかし、近年は若年層を中心に共働き世帯が増加する傾向にある。性別役割分業意識の根強く残るわが国においては、このように夫婦の働き方が変わっていく一方で、家計と家事の分担がうまくいっているとは考えにくい。その意味では、今後、そうした共働き世帯の増加にともなって夫婦間の家計と家事の分担のあり方は一層難しくなるであろう。

そこで本章では、共働き夫婦における家計の負担のあり方を「家計構造」、家事の負担のあり方を「家事分担」と呼び、両者の代替関係の程度およびその規定要因を、経済学的な視点から実証的に明らかにする。ここでいう家計とは、単に夫婦の所得の合計という意味ではなく、日常の家族生活を運営していく上で必要となる貨幣のまとまり、すなわち夫婦の共通の財布のことを意味する。

この両者の関係についてのこれまでの研究は、夫婦の収入や賃金率などの経済関係からみて家事分担がどのように行われているかを分析するものが大半である。そうした家事分担に関連する研究は、社会学を中心としてかなりの研究蓄積があり、その基本的な問題意識は夫（男性）の家事参加の規定要因の解明である。既に社会学的な仮説が構築されており、そうした仮説の検証を通して、いくつかの規定要因が明らかになっている。一方、こうした仮説について経済

学的に解釈し、経済学的なアプローチから分析しているものも、後で紹介するように、いくつか存在している。

さらに、木村（2001）で指摘されているように、家計の構造には権力関係が内在しており、そうした関係が家計の行動、とりわけ家事労働に影響を与えている可能性があると考えられる。しかしながら先行研究では、家計の構造を定性的にとらえた上で夫婦の行動に関して分析しているが、家計の構造を定量的にとらえるまで踏み込んだものはない。家計構造に着目した研究では、夫婦の共通の財布の大きさや管理方法などから「……型」と分類し、家計構造の各類型間で家事時間などにどのような違いがあるのかを明らかにするという手法がとられている。もちろん、そうした分析にも有効性はあるが、多様なサンプルをいくつかにまとめてしまうことで失われてしまう情報もあると考えられる。そこで本章では、家計構造を定量的にとらえることで新たな知見を得ることを目的とする。また、家計構造を定量的にとらえることで、様々な計量分析の俎上にのせることが可能になる。

また、本章で家計構造に注目する背景には、家計に対する経済学的アプローチとして、ゲーム論的な観点から、夫婦がそれぞれ主体となって家計内の経済関係と家事労働などをどのように交渉・決定しているかの分析が行われていることがある。例えば、Ermisch（2003）では、夫婦が家計内生産物の生産の分担を決めると同時に、所得移転を行うというモデルが用いられている。すなわち、Ermischのモデルでは家計構造と家事分担の関係が一方的な因果の関係にあるのではないことが示唆されている。

先行研究からの知見

既に述べたように、家事参加に関連する先行研究は多数ある。それらは大きく分けて3つのグループにまとめられる。

第1のグループは、社会学的な仮説から家事参加の規定要因を明らかにしようとする研究（社会学的研究）である。こうした研究には、稲葉（1998）、加藤ほか（1998）、Nishioka（1998）、永井（1999, 2004）、前田（2000）、松田（2002a, 2002b, 2004）、津谷（2002）、石井（2004）などがある。

第2のグループは、時間配分理論など経済学的な視点から家事参加の規定要

因を明らかにしようとする研究（経済学的研究）である。先行研究としては、Solberg and Wong（1992）、Jenkins and O'Leary（1995）、柴田・ボイルズ（1996）、小原（2000）、川口（2001）、Hallberg and Klevmarken（2003）、Ueda（2005）などがある。

　第3のグループが、家計構造との関連で、家事参加について言及しているもの（家計構造研究）である。この分野では御船（1995）の研究がある[1]。

　これらの研究のうち、社会学的研究と経済学的研究は、（男性の）家事参加の規定要因の解明を主眼に置いており、経済的な要因としての収入や市場賃金率の夫婦間格差や比率が説明変数として用いられているだけで、家計構造に関する視点がない。

　一方、家計構造研究では、家事参加は家計構造との関連で記述統計的に分析されているに過ぎない。既に述べたように、家計構造研究では家計構造が取り扱われているとはいえ、共通の財布の大きさや管理・拠出方法で分類されるなど定性的な観点のみであり、家計に対する夫婦の貢献率などの量として把握されていない。そのため、計量分析の俎上にのせることが難しくなっている。参考までに御船（1995）によれば、共働き世帯において、夫の管理力の高い「夫管理タイプ」や「扶養タイプ」、家計の共同性が強い「一体タイプ」で妻の家事育児時間が多く、家計の共同性の弱い「支出分担タイプ」、「拠出タイプ」では妻の家事育児時間が少ないという結果が得られている。すなわち同じ共働き世帯においても家計構造によって家事分担が異なることが示唆されている。

　また、ここであげた多くの先行研究では、夫妻それぞれの家事頻度や家事時間などの絶対的な指標が被説明変数などにされ、相対的な指標としての夫婦間の分担を取り扱ったものは、松田（2002a）、津谷（2002）、御船（1995）のみである。こうした相対的な家事分担という視点の分析は最近の研究では少なく、そうした観点からのアプローチも必要であろう[2]。

　さらに、家計構造と家事参加には少なからず同時決定的な関係があると考えられるが、そうした手法による分析は行われていない。

　そこで本章では、経済学的な視点から共働き世帯の家計構造と家事分担の双方を定量的にとらえることで、両者の同時決定的な関係を考慮した計量分析を行うことを可能にし、両者の代替関係の程度やその規定要因について明らかに

Ⅱ　夫婦間のサポート関係

する。

2　家計構造と家事分担をどう測るか

家計構造と家事分担の経済学的な意味

　ここでは、経済学的な分析枠組みとして、家計内生産理論に基づき、家計構造と家事分担をどのようにとらえているかを簡単に説明する。この家計内生産理論とは、夫婦が資本や労働力を投入する（費用と手間をかける）ことで、市場では購入できない財を家計内で生産し、それを消費することができるとするものである[3]。こうした家計内生産物には、例えばおいしい食事やきれいな室内などがある。食材や掃除用品を購入するという意味で資本を投入し、料理や掃除をするという意味で労働力を投入することで、そうした財を生産することができる。

　このように、家計内で何かしらの生産を行うには資本と労働力の投入が必要となるが、共働き世帯では夫婦ともにいずれの要素も投入することになろう。その際、夫婦間の資本の投入のあり方（分担）が家計構造であり、労働力の投入のあり方（分担）が家事分担ととらえられる。共働きの夫婦がこうしたおいしい食事やきれいな室内などの家計内生産物を生産する際、両者の分担の代替関係をどの程度に調整しているであろうか。これが本章の着眼点である。

データと分析対象

　使用するデータは、（財）家計経済研究所が行った「現代核家族調査」である（以下、核家族調査、と記す）[4]。この核家族調査は、本章の研究目的を達する上で2つの利点があると考えられる。第1点は、単に収入額だけでなく、夫婦それぞれが家計へどの程度の額を拠出しているかなど、本章でいうところの家計構造の詳細なデータが得られることである。第2点は、そうした夫婦それぞれのデータについて、それぞれに質問したデータが得られていることである。一般的なアンケートでは一世帯に調査票は1つでほぼ夫婦のどちらか一方だけが答える。そのため、妻が回答者であれば、夫の細かいデータについてわからないため、夫についての質問に回答しなかったり、不確実な回答になりがちで

50

あったりする。核家族調査では、夫婦が別の質問票でそれぞれ答えることで、そうした問題に対応しており、それによって夫婦間の認識、意識の違いを把握した上で分析することができる。

既に述べたように、本章では共働き世帯を対象に分析を行う。ただし、該当サンプルのうち、家計（共通の財布）への拠出額や、家事参加の頻度が不明なサンプル等については分析対象から除いた。その結果、本章では323サンプルを対象に分析を行うこととなった。

ここで、共働き夫婦の就業形態の組み合わせを確認しておくと、最も構成比が高いのが、妻がパートタイムのアルバイトと夫が民間の企業・団体の正規職員の組み合わせで、全体の36.5％（118世帯／323世帯）を占めている。次いで多いのが、夫婦ともに民間企業・団体の正規職員の組み合わせで10.2％（33世帯／323世帯）である。

また、夫の就業形態をみると、自営業主・自由業が21.7％（70世帯／323世帯）、自営業の家族従業員が3.1％（10世帯／323世帯）と両者で全体の約25％を占め、比較的多くいることがわかる。夫が自営業の場合、夫婦ともに企業に勤務などの場合と比べて、行動の制約に大きな違いがあると想定される。そこで回帰分析を行う際には、こうした点を考慮した上で分析を行った。

家計構造と家事分担の測定

さて、こうした共働き世帯において、家計構造および家事分担の現状はどのようになっているであろうか。ここでは、家計構造および家事分担の指標を核家族調査からどのように作成したかについて述べるとともにデータの分布状況を確認する。

本章の家計構造とは先に述べたように、家計内生産物を生産するための資本投入の夫婦間の分担のことを意味する。

そこで夫妻それぞれの家計拠出額を求め、以下の(1)式で家計構造の指標として妻の家計貢献率を計算した[5]。すなわち、家族生活に必要な総費用（総資本投入量）のうち、妻がどの程度負担しているかを示す指標である。

妻の家計貢献率＝妻の家計拠出額／（妻の家計拠出額＋夫の家計拠出額）　　(1)

Ⅱ　夫婦間のサポート関係

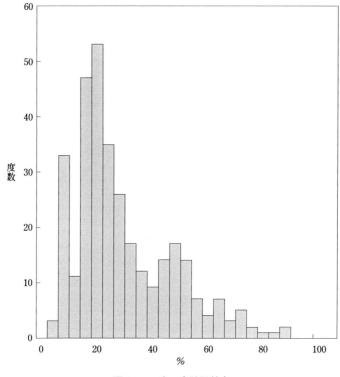

図3-1　妻の家計貢献率

こうして求めた妻の家計貢献率を図3-1に示した。共働き世帯についてのみのデータとはいえ、妻の家計貢献率は大半が50％以下であることがわかる。これは、夫婦の就業形態の組み合わせで、妻がパート、夫がフルタイムが最も多かったことによるものであろう。妻の家計貢献率の平均値は27.4％である。

続いて家事分担指標について述べる。ここでは夫妻それぞれの家事得点を求め、妻の家事分担率を以下の(2)式を用いて計算した[6]。この指標は、必要な家事の総量（総労働投入量）のうち、妻がどの程度負担しているかを示すものである。

妻の家事分担率＝妻の家事得点／（妻の家事得点＋夫の家事得点）　　(2)

第3章　夫婦間で仕事と家事の交換は可能か

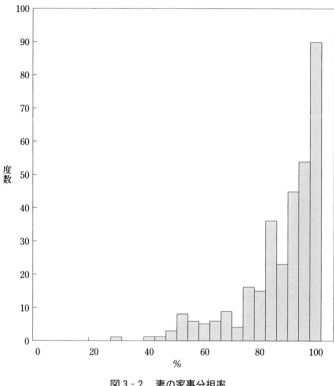

図3-2　妻の家事分担率

　妻の家事分担率は図3-2に示したとおりである。このデータは共働き世帯のものではあるが、妻の家事分担率が50％以下になるのはわずかであることが示されている。また、約3分の1は妻のみが家事をしている（家事分担率が100％）こともわかる。平均値をみると、妻の家事分担率は86.1％である[7]。

3　家計貢献と家事分担の代替関係はどの程度か

　既に述べたように、家事に関する先行研究は多く、ある程度の仮説が示されているが、家計構造の量的な面に関しては不明な点が多い。ここでは、先に述べた分析の枠組みに基づいて回帰分析を行う。

53

II　夫婦間のサポート関係

　被説明変数は、先の(1)、(2)式で示した妻の家計貢献率と妻の家事分担率であり、両者の同時性を考慮した2段階最小2乗法（2SLS）で推定する。すなわち、以下の家計貢献関数(3)式と、家事分担関数(4)式の2本の回帰式を同時に回帰する[8]。α は定数項、ε は誤差項である。

$$\text{妻の家計貢献率} = \alpha_1 + \beta_1 \cdot \text{妻の家事分担率} + \gamma_1 \cdot \text{その他の説明変数} + \varepsilon_1 \qquad (3)$$

$$\text{妻の家事分担率} = \alpha_2 + \beta_2 \cdot \text{妻の家計貢献率} + \gamma_2 \cdot \text{その他の説明変数} + \varepsilon_2 \qquad (4)$$

　その他の説明変数には、子ども数、末子年齢、妻の最終学歴ダミー、夫の毎月手取り額、夫の帰宅時間ダミー、夫婦の年齢差を用いる。また、同時推定を行うために識別性を考慮する必要があるが、そのための説明変数として、家計貢献関数には、収入に関する夫婦の意識ダミーを、家事分担関数には、家事に関する夫婦の意識ダミーを用いる。

　この推定では、説明変数としての家計貢献率と家事分担率の係数（β）の推定値が重要である。まず、両者が代替関係にあれば符合は負となる。さらに、この家計構造と家事分担の指標はともに割合で計算されており、その係数は弾力性を示している。したがって、係数が絶対値で1に近い値をとった場合、それは、家計内生産において家計貢献と家事分担が同程度の代替関係にあることを示していることになる。

　この2つの推定式について、2SLSのほか、比較のため通常の最小2乗法（OLS）による推定も行う。家計貢献率と家事分担率に内生性があると、説明変数と誤差項に相関が生じ、不偏推定量が得られないことが知られている。したがって、内生性がある場合、内生性を考慮しないOLSの推定結果はバイアスのあるものであり、真のパラメータが得られない。

　先に述べたように、夫が自営業であるサンプルが4分の1ほどいたため、それを除いた推定も行う。両サンプルで家計貢献率、家事分担率に大きな違いはないが、夫自営を除いたサンプルのほうが、子ども数が少なく、末子年齢が低く、妻の学歴が高く、夫の毎月手取り額が低く、帰宅時間が遅い割合が多く、夫婦の年齢差が小さい。とはいえ、わずかな差である。

　推定結果について述べる[9]。表3-1の左の2列が全サンプルについて、右

第3章　夫婦間で仕事と家事の交換は可能か

表3-1　家計貢献関数と家事分担関数の推定結果

	回帰1	回帰2	回帰3	回帰4
家計貢献関数	全サンプル		夫自営を除くサンプル	
妻の家事分担率	−1.38 **	−0.339 ***	−1.56 **	−0.408 ***
	(−2.77)	(−4.67)	(−3.02)	(−4.81)
子ども数	0.00726	−0.00915	0.0160	0.00208
	(0.40)	(−0.72)	(0.74)	(0.13)
末子年齢	0.00812 †	0.000525	0.0106 †	0.00200
	(1.71)	(0.22)	(1.93)	(0.67)
妻の最終学歴ダミー（レファレンスは中学・高校）				
短大・高専	−0.00982	0.0279	−0.0260	0.0215
	(−0.30)	(1.32)	(−0.66)	(0.87)
大学・大学院	−0.0484	0.0602 *	−0.0766	0.0395
	(−0.78)	(2.25)	(−1.17)	(1.28)
夫の毎月手取り額	−0.00380 ***	−0.00347 ***	−0.00531 ***	−0.00421 ***
	(−3.82)	(−4.55)	(−3.64)	(−4.11)
夫の帰宅時間（レファレンスは不定、家にいることが多い）				
6−7時台	−0.128 *	−0.0406	−0.141 *	−0.0281
	(−2.25)	(−1.33)	(−1.97)	(−0.73)
8−9時台	−0.0746 †	−0.0365	−0.0685	−0.0129
	(−1.84)	(−1.29)	(−1.29)	(−0.37)
10時以降	−0.0228	−0.0451	0.00760	−0.00952
	(−0.59)	(−1.56)	(0.16)	(−0.27)
夫婦の年齢差（夫−妻）	0.000979	0.000132	0.00136	−0.000986
	(0.31)	(0.05)	(0.32)	(−0.32)
妻の意見：収入は夫責任ダミー	−0.0597	−0.0580	−0.0621	−0.0548
	(−1.28)	(−1.60)	(−1.20)	(−1.43)
夫の意見：収入は夫責任ダミー	−0.0585	−0.0693 †	−0.0432	−0.0755 †
	(−1.17)	(−1.79)	(−0.75)	(−1.83)
定数項	1.70 ***	0.844 ***	1.86 ***	0.876 ***
	(4.05)	(9.46)	(4.11)	(8.29)
F値	3.35 ***	6.31 ***	2.36 ***	4.81 ***
Adj−R²		0.165		0.159
家事分担関数	全サンプル		夫自営を除くサンプル	
妻の家計貢献率	0.561	−0.171 ***	−0.347	−0.198 ***
	(0.47)	(−4.08)	(−0.55)	(−4.14)
子ども数	0.0220	0.0113	0.00929	0.00957
	(1.00)	(1.20)	(0.80)	(0.85)
末子年齢	0.00863 *	0.00699 ***	0.00723 **	0.00735 **
	(2.35)	(3.95)	(3.22)	(3.42)
妻の最終学歴ダミー（レファレンスは中学・高校）				
短大・高専	−0.0496	−0.0261 †	−0.0250	−0.0290
	(−1.12)	(−1.66)	(−1.01)	(−1.61)
大学・大学院	−0.131	−0.0779 ***	−0.0652 †	−0.0718 **
	(−1.44)	(−3.91)	(−1.81)	(−3.20)

55

II　夫婦間のサポート関係

夫の毎月手取り額	0.00161	−0.000833	−0.00214	−0.00157 *
	(0.39)	(−1.42)	(−0.83)	(−2.03)
夫の帰宅時間（レファレンスは不定、家にいることが多い）				
6−7時台	−0.0719 †	−0.0832 ***	−0.0920 **	−0.0921 **
	(−1.96)	(−3.71)	(−3.26)	(−3.34)
8−9時台	−0.0179	−0.0383 †	−0.0457 †	−0.0449 †
	(−0.40)	(−1.82)	(−1.73)	(−1.75)
10時以降	0.0543	0.0143	0.00767	0.0108
	(0.75)	(0.66)	(0.26)	(0.42)
夫婦の年齢差（夫−妻）	0.000897	0.000608	0.00116	0.00156
	(0.34)	(0.33)	(0.40)	(0.69)
妻の意見：家事は妻責任ダミー	0.0431	0.00154	−0.0190	−0.00824
	(0.59)	(0.08)	(−0.38)	(−0.41)
夫の意見：家事は妻責任ダミー	0.117	0.0467 *	0.0348	0.0518 *
	(0.99)	(2.24)	(0.46)	(2.26)
定数項	0.439	0.867 ***	0.991 **	0.905 ***
	(0.62)	(17.4)	(2.67)	(15.3)
F値	4.79 ***	10.8 ***	7.39 ***	9.10 ***
Adj−R²		0.268		0.287
N	323	323	243	243
推定方法	2SLS	OLS	2SLS	OLS

注：*** は両側0.1％水準で有意、** は両側1％水準で有意、* は両側5％水準で有意、† は両側10％水準で有意。

の2列が夫自営業を除くサンプルについての推定結果で、それぞれ2SLSとOLSの結果を並べて表示している。また、家計貢献関数の推定結果（表3−1の上半分）のうち、家事分担率の係数を図3−3に、家事分担関数の推定結果（表3−1の下半分）のうち、家計貢献率の係数を図3−4に示した。

　表3−1および図3−3、3−4でわかるように、2SLSで推定した回帰1の家計貢献関数では、妻の家事分担率が負で有意であり、予想と一致しているが、家事分担関数の妻の家計貢献率は有意ではなかった。両関数を個別にOLS推定した回帰2では、妻の家事分担率、妻の家計貢献率の係数はともに負で有意な結果が得られている。家計貢献関数での妻の家事分担率の係数の値をみると、OLSでは−0.339、2SLSでは−1.38となり、いずれも家事分担率が高いほど家計貢献率が低いという両者の代替関係が示された。しかし、係数の値としてはかなり異なる結果となった。

　OLSの結果によれば、妻の家事分担が1％増えた場合、妻の家計負担は0.3％程度しか減少しない。一方、2SLSの推定では、妻の家事分担1％の増加は

第 3 章　夫婦間で仕事と家事の交換は可能か

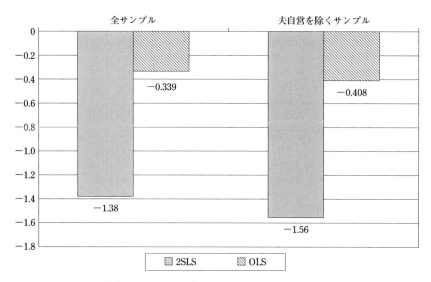

注：2 SLS、OLSともに有意であったため、両者の係数を表示した。

図 3-3　妻の家事分担率の係数（家計貢献関数）

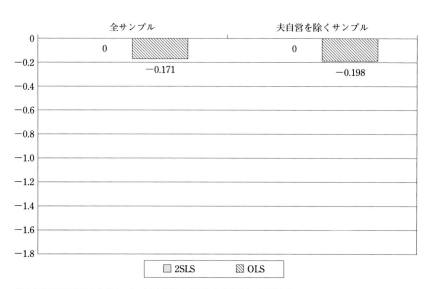

注：2 SLSでは有意ではなかった（0と異ならない）ため 0 として表示した。

図 3-4　妻の家計貢献率の係数（家事分担関数）

57

Ⅱ　夫婦間のサポート関係

妻の家計負担1.4％程度の減少をもたらすという結果が得られている。したがって、両者の代替関係が対等すなわち、１％の変化に１％の変化が対応するのが妥当という立場に立てば、OLSの推定結果は、妻の家事分担率が増加しても家計貢献率はそれほど減少せず、両者の負担が妻側に多くかかることを意味し、２SLSの推定結果は、その逆となることを示している。

　本章では、家計構造と家事分担の内生性に注目し、家計貢献関数において内生変数である妻の家事分担率が有意に推定されたことから、２SLSの推定結果を採用する。したがって、妻の家事分担率の増加がそれ以上の家計貢献率の減少をもたらしているということができる。しかし、家事分担関数においては妻の家計貢献率は有意でなかったため、両者の内生性が必ずしも証明されたとは言い切れない。また、個別に推定した場合、家計構造も家事分担もともに有意に負に推定され、予想とも一致したものとなるが、代替関係は過少に評価されることも示されている。これは、内生性を考慮せずに推定した結果、バイアスが生じているものと考えられる。

　また、夫自営を除くサンプルでの推定結果をみても、全サンプルでの推定とほぼ同じ結果が得られている。家計貢献関数における妻の家事分担率の係数をみると、２SLSの推定では全サンプルでの推定に比べて絶対値としてやや大きくなり（－1.38→－1.56）、両者の代替関係が強く推定されている。OLSの推定でも、全サンプルに比べて絶対値で大きくなっており（－0.339→－0.408）、代替関係が強く推定されているが、いずれもそれほど大きな差であるとはいえない。

　その他の規定要因ついて簡単に述べる。

　家計貢献関数については、夫の毎月手取り額の影響が２SLS、OLSのいずれにおいても安定して効いている。その効果は、毎月の手取り額が10万円増えると妻の家計貢献率は３〜５％程度減少するという結果が示されている。

　一方、家事分担関数については、多くの先行研究と同様に子ども数の影響はなく、末子年齢が影響するという結果が得られている。末子年齢の係数が正であることから、末子年齢の上昇は妻の家事分担を増やしていることが示されている。具体的な数値としては、末子年齢１歳の上昇で0.7〜0.9％程度、妻の家事分担が増加する。また、夫の毎月手取り額の係数は、回帰４以外は有意でな

58

第3章　夫婦間で仕事と家事の交換は可能か

く、夫の収入の絶対額は家事分担にはそれほど影響を与えないことが示されている。

4　共働社会の到来は何をもたらすのか

　本章では、家計構造と家事分担を量的にとらえることで、両者の同時決定の関係を考慮しながら、その代替関係の程度と規定要因について明らかにした。

　家計貢献率と家事分担率について同時推定を行ったところ、両者の同時性はある程度証明されたものの、完全に支持する結果とはならなかった。その中で、同時推定の結果に基づけば、妻の家事分担率1％の増加は家計貢献率の1.4～1.6％程度の減少をもたらし、代替率は比較的大きいとも言えるが、個別推定では0.3～0.4％程度の減少しかもたらさず、推定方法によって導かれるインプリケーションが大きく異なる可能性が示唆された。

　本章では内生変数の有意性から同時推定の結果を採用するが、そこからは、妻の家事分担は家計貢献という点からみると、比較的評価されているといえる。すなわち、本章のように総量に対する割合でみた場合、家事は家計の1.4～1.6倍の価値評価がなされているといえる。しかし、それは今後、共働社会がさらに進み、妻の家事分担が減少する場合、それ以上に妻の家計貢献が必要になることも意味している。さらに、女性の平均的な市場賃金率は男性に比べて低いことから、家計貢献への負担は女性にとってはより大きいものであるといえよう。したがって、現状の夫婦関係のままで共働社会が進行した場合、共働きの夫婦間にそうした家計と家事の分担についての葛藤が生じる可能性があることを本章の結果は示唆している。

謝辞
　〔二次分析〕に当たり、東京大学社会科学研究所附属日本社会研究情報センターSSJデータアーカイブから「現代核家族調査」（家計経済研究所）の個票データの提供を受けました。記して感謝します。

注
　1）御船（1995）は、家計の形態について「家計組織」と呼んでいる。

II　夫婦間のサポート関係

２）もちろん、使用しているデータによっては分担の指標が作りにくいという制約がある。

３）Becker（1965）などを参照されたい。

４）調査の詳細は家計経済研究所（2000）を参照。

５）妻用調査票に、妻の毎月の定期的な収入の手取り額に関する質問があるので、その９段階の選択肢（１：５万円未満、２：５〜10万円未満、３：10〜15万円未満、４：15〜20万円未満、５：20〜25万円未満、６：25〜30万円未満、７：30〜35万円未満、８：35〜40万円未満、９：40万円以上）のそれぞれに階級値をあてはめる。次に共通の家計の財布に関する質問の回答にしたがい、妻自身の手取りのうち何割を家計の費用にあてているかを確認する。そして、妻の手取り収入の階級値に家計に入れる割合を掛け、妻の家計拠出額を求めた。

　続いて、夫に関しても夫用調査票の質問を使い、同様に家計への拠出額を求めた。ただし、夫の毎月の手取り収入の選択肢は妻用調査票よりも多い（１：15万円未満、２：15〜20万円未満、３：20〜25万円未満、４：25〜30万円未満、５：30〜35万円未満、６：35〜40万円未満、７：40〜45万円未満、８：45〜50万円未満、９：50〜55万円未満、10：55〜60万円未満、11：60〜65万円未満、12：65万円以上）。

６）妻用調査票からは、妻からみた夫の家事頻度と、妻自身が回答した妻自身の家事頻度が得られる。また、夫用調査票からは、夫自身が回答した夫の家事頻度が得られる。したがって妻の家事頻度は妻の回答しかないが、夫の家事頻度には、妻からみたものと夫自身の認識によるものの２種類がある。本章では、夫婦調査であることを生かして、夫の家事については夫の視点を用いたものを使うこととした。

　核家族調査で質問している家事の内容は全部で５項目（「料理」、「料理の後片付け」、「掃除」、「洗濯」、「子どもの世話、しつけ、勉強・進路指導」）あり、それぞれ６段階の頻度が選択肢としてもうけられている。本章ではこれらの家事頻度を得点化し、合計して用いることとした。そこで各頻度に得点をつけるが、ここでは本章と同じ核家族調査を使用している色川（2004）にならって、１ヵ月あたりの実施頻度を得点化した。これらの得点を５項目で合計し、妻と夫のそれぞれの家事得点とした。

７）妻のみの視点で家事分担率を計算したものとそれほど変わりない。ただし、妻のみの視点による家事分担率のほうが平均値がやや高かった。すなわち、わずかであるが、夫は自分の家事を過大に評価し、妻は夫の家事を過少に評価する傾向があるといえるが、どちらが正確なのかはここでは判断できない。

８）具体的には、(3)、(4)式を連立方程式の要領で妻の家計貢献率と妻の家事分担率について解き、右辺からこの２つの変数を消去する。その解いた回帰式についてそれぞれ推定し（第１段階）、その結果を用いて妻の家計貢献率と妻の

第3章　夫婦間で仕事と家事の交換は可能か

家事分担率の推定値を得る。得られた推定値を(3)、(4)式の右辺にそれぞれ入れてもう一度推定する（第2段階）。ただし、連立方程式の特性から、両式の変数セットが全く同じであると式が解けないため、識別のために両式にそれぞれ異なる変数を入れる必要がある。また、比較のために結果を表3-1に示した最小2乗法（OLS）は、(3)、(4)式の右辺にある妻の家計貢献率、妻の家事分担率にデータをそのまま入れる方法であり、2SLSは推定値を入れるところが異なる。

9) 妻のみの視点による家事分担率を用いた推定も行ったが、推定結果は大きくは変わらなかった。

第 4 章

共働きで夫はストレスがたまるのか

裵　智恵

1　夫の経験としての共働きというライフスタイル

　1980年代以後、日本における共働き世帯数は増加を続けてきた。1980年の614万世帯であった共働き世帯は、2004年には961万世帯になり、男性雇用者と無業の妻からなる片働き世帯の875万世帯を上回っている（内閣府 2005）。こうした共働き世帯の増加に伴い、共働きというライフスタイルが個人にとってどのような意味をもち、いかなる影響を及ぼしているかという問題が、多くの研究者によって検討されるようになった。

　ところで、共働き家族についての先行研究をみると、既婚就業女性を対象として取り上げ、彼女らが仕事と家族を両立する過程で経験する問題や困難を検討するものが圧倒的に多い（前田 2002；Spain & Bianchi 1996）。共働きというライフスタイルを、主に妻の問題として分析してきたのである。しかし、共働きは、妻の経験であると同時に、夫の経験でもある。今日の日本社会において、共働きがもつ意味と影響を十分に考察するためには、共働き家族が抱えている問題を、妻のみでなく、夫の問題としてもアプローチする必要がある。最近、仕事と家族の両立が、女性と男性、両性にとって重要な課題であるという主張が提起されているのも、同様な脈絡から理解できる（冬木・本村 1998；前田 2002；西川 1998, 1999）。そこで、本章では、既存研究ではあまり取り上げられなかった「夫」に焦点をあてる。

　これまで、共働きが夫に及ぼす影響を扱った研究では、一貫した結果が得られていない。このような非一貫的な結果は、妻の就業が夫に及ぼす影響は、多様な文脈の中で異なったものになる可能性を示唆する（Orbuchi & Custer 1995）。

63

その多様な文脈のうち、本章で注目するのは、共働きをめぐる夫の意識と実態の乖離である。既存の研究において、共働きが夫に及ぼす影響が、共働きに対する夫自身の意識と実態の一致状態によって異なるだろうということを、実証的に検討したものはほとんどない。したがって、本章では、共働きに対する夫の意識が、実態としての妻の就業形態と一致しているか否かという側面を考慮しながら、共働きが夫に及ぼす影響を解明する作業を行う。こうした作業を通じて、夫が経験する「共働き」というライフスタイルについて検討することが本章の目的である。

2　妻の働き方で夫のストレスは異なるのか

　共働きは夫の心理的安寧にどのような影響を及ぼすのか。夫は共働きによってストレスがたまるのか。

　一般的には、妻の就業が夫の家事参加に対する負担を大きくする可能性、また妻の収入が増加することにより「一家の稼ぎ手」としての夫のアイデンティティが脅かされる可能性などから、夫が感じるストレスは高くなると考えられる場合が多い。しかし、一方では、共働きによって世帯収入が増加し、より豊かな生活が可能になるため、妻の就業は、むしろ夫の心理的安寧を高める効果があるという考え方もある。

　これと関連する実証研究の結果は、一貫していない（西村 2001；Orbuchi & Custer 1995）。例えば、BurkeとWeirの研究（1976）では、妻が働いている夫の場合が、専業主婦の夫より生活に対する満足度が低いという結果が得られた。その他、Rosenfield（1980）、Kesslerら（1982）も、妻の就業が夫の心理的安寧に否定的な影響を及ぼすと報告している。しかし、Booth（1979）では、専業主婦の夫の方が、フルタイムで働いている妻の夫よりストレスが高い傾向が確認された。彼によれば、妻が就業した初期段階においては、夫婦ともに適応の期間が必要である。おそらくこの適応の期間は、ストレスフルであるだろうが、それほど長くはない。結局、短期間の適応期間の後には、世帯収入の増加など、妻の就業による利益のため、夫の心理的安寧はよくなると結論づけられている。

第4章　共働きで夫はストレスがたまるのか

　このように、先行研究における非一貫的な結果は、それぞれの共働き家族が置かれている社会的文脈（social context）を考慮する必要性を示唆するものである（Orbuchi & Custer 1995）。社会的文脈は多様であるだろうが、その1つとして考えられるのが、共働きというライフスタイルについて、当事者である夫婦がどのような意識をもっているか、ということである。実際に、西村（2001）において、妻の就業が夫に及ぼす心理的インパクトが、夫自身の規範意識や経済力によって異なることが明らかにされている。また、妻の就業に対する夫の選好（preference）に着目したRossら（1983）の研究では、妻の就業に対する夫の選好と妻の就業状況が一致しない場合、妻の就業は夫の心理的安寧に負の効果をもつことが報告されている。妻の就業を選択の結果である場合と経済的な必要による場合に分けて、夫婦の満足度との関連を検討したOrdenとBradburn（1969）の研究でも、前者の方が後者より夫婦の満足度が高いという結果が得られた。夫が妻の就業を望んでいれば、妻が就業し、かつ夫が家事・育児に平等に参加している場合、夫の心理的安寧はもっとも高いというMirowskyらの研究（1989）も同じ議論の延長線上に位置づけることが可能である。これらの一連の研究は、共働き家族の夫とそうではない夫の単純比較だけでは、妻の就業が夫に及ぼす心理的インパクトを十分に理解できないという点、したがって共働きに対する夫の意識や選好と実態の関係を考慮する必要性を示唆するものである。しかし、これらの研究が、共働きをめぐる意識や選好と実態の一致、もしくは乖離という側面を考慮した上で、共働きが夫に影響を及ぼす具体的なメカニズムまで分析したとはいえない。そこで、本章では、大規模調査を用いて、共働きに対する夫の意識と実態の関係に注目しながら、夫に対する共働きの影響、そしてその影響のメカニズムを明らかにしたい。

　このような作業を行うにあたり、特に、妻の就業が夫に及ぼす否定的な影響に焦点をあてる。具体的には、共働きによる夫の家事負担の増加、そして、妻の収入割合の増加の2つの側面が夫の心理的安寧に及ぼす影響は、共働きに対する夫自身の意識と実態としての妻の就業形態の一致状態によって異なるのか、ということを分析の課題とする。共働きに否定的である夫は、男性の家事参加や稼ぎ手役割について保守的な考え方をもっている可能性が高い。その点を考慮すると、家事負担の増加と妻の収入割合の増加によりストレスがたまるのは、

65

II　夫婦間のサポート関係

意識としては、共働きに否定的であり、男性の家事参加と稼ぎ手役割について保守的な考え方をもっているにもかかわらず、実態としては妻が就業している夫の場合であるだろう。

　こうした推論に基づいて、本章では、次のような仮説を設定し、検討する。ここで共働きに対する意識とは、「夫は外で働き、妻は家庭を守るべきである」という性別役割分業に対する意識であり[1]、実態とは、妻がフルタイム、もしくはパートタイムで働くのか、それとも専業主婦であるのかという、妻の就業形態のことである。また、夫の心理的安寧としては、ストレス論的アプローチを参考に、個人の心身の不快な状態を意味する「ディストレス」を採用する。

仮説1　共働きに対する夫の意識と実態が一致する場合より、不一致である場合に、夫が経験するディストレスが高い。

仮説2　夫の家事参加がディストレスに及ぼす影響は、共働きに対する夫の意識と実態の一致状態によって異なる。夫は共働きに否定的であるが、妻が就業している場合、夫の家事参加が多いほど夫のディストレスは高くなる。

仮説3　妻の収入割合の増加が夫のディストレスに及ぼす影響は、共働きに対する夫の意識と実態の一致状態によって異なる。夫は共働きに否定的であるが、妻が就業している場合、妻の収入割合が増加するほど夫のディストレスは高くなる。

3　性別役割分業意識と家庭の実情のギャップ

データ

　本章では、第一生命経済研究所が実施した「今後の生活に関するアンケート」（2001）を使用する。そのうち、現在働いている[2]と答えた男性で、同居している妻が60歳未満で自営業以外であり、かつ子どもがいる383人のデータを分析の対象とする。妻の年齢を60歳未満に限定した理由は、日本において60歳以上の女性は、定年退職のため、本章における分類では一律に妻専業主婦型になることが多いと考えられるからである。また、妻が自営業である場合は、妻の

第4章　共働きで夫はストレスがたまるのか

就業状態をフルタイム／パート／専業主婦の3つに区分することになじまない
という理由から、分析から除外する。

共働きをめぐる意識と実態の一致と乖離

　ここでは、性別役割分業に対する夫の意識と妻の就業形態を用いて、共働き
をめぐる夫の意識と実態の間の一致状態を示す変数を作成する。夫の性別役割
分業意識については、「夫は外で働き、妻は家庭を守るべきである」という質
問項目に対して、「そう思う」「どちらかといえばそう思う」を賛成、「そうは
思わない」「どちらかといえばそうは思わない」を反対の2カテゴリーにした。
次に、妻の就業形態は、フルタイム／パートタイム／専業主婦の3つのカテゴ
リーに区分した。この2つの変数の組み合わせにより、6つのカテゴリーがで
きる。本章の分析対象になった夫における、各カテゴリー別の割合は以下のよ
うである。

① 　性別役割分業意識賛成で、妻はフルタイム：13.9%

② 　性別役割分業意識賛成で、妻はパートタイム：16.5%

③ 　性別役割分業意識賛成で、妻は専業主婦：24.3%

④ 　性別役割分業意識反対で、妻はフルタイム：13.9%

⑤ 　性別役割分業意識反対で、妻はパートタイム：14.4%

⑥ 　性別役割分業意識反対で、妻は専業主婦：17.0%

　これらの6つのカテゴリーのうち、意識と実態が一致するのは、夫自身は性
別役割分業に賛成しており、妻は専業主婦である場合（③）、そして、夫は性
別役割分業に反対し、妻がフルタイムである場合（④）、もしくはパートタイ
ムで働いている場合（⑤）の3つである。それに対し、夫は性別役割分業に賛
成しているが、妻はフルタイム（①）、もしくはパートタイムで働いている場
合（②）、そして夫は性別役割分業に反対しているが、妻は専業主婦である場
合（⑥）は、意識と実態が不一致である場合といえる[3]。

　こうした組み合わせから、意識を横軸、実態を縦軸とする概念図（図7-1
参照）を想定してみると、意識と実態が一致する状態は、右上がりの45度線上

67

に位置することになり、この線からの乖離が、意識と実態の不一致状態になる。さらに、意識と実態が不一致である状態は、性別役割分業に賛成し、保守的な性別役割分業意識をもっているか、それとも性別役割分業に反対し、革新的な性別役割分業意識をもっているかによって、2つに分けられる。すなわち、夫の性別役割分業意識は革新的であるが、妻は専業主婦であり、実態は「夫は仕事、妻は家庭」という、いわゆる「性別役割分業型」の「革新型不一致」と、夫は保守的な性別分業意識をもっているが、妻は働いており、実態は「夫も妻も働く」という「共働型」である「保守型不一致」がそれである（詳細は第7章参照）。

　本章では、こうしたカテゴリー区分法を採用し、分析を進めていくことにする。6つのカテゴリーは、「一致型」（③＋④＋⑤）、「革新型不一致」（⑥）、「保守型不一致」（①＋②）の3つになる。それぞれの割合は、「一致型」が52.6%（24.3%＋13.9%＋14.4%）で最も多く、「革新型不一致」が17.0%、「保守型不一致」が30.4%（13.9%＋16.5%）などになっている。

4　意識と実態のギャップが生み出す夫のストレス

変数

　前節で作成した意識と実態の一致状態の変数を用いて、以下ではそのような意識と実態のギャップが生み出す夫のストレスについて分析する。本章で設定した仮説を検証するための説明変数としては、①夫の家事参加、②夫の収入割合の2つを使用する。まず、夫の家事参加は、「食事の準備」「食事の後かたづけ、食器洗い」「掃除」「洗濯」「ごみ捨て」「食料品・日用品の買い物」「その他」など家事と関連する項目を用いる。これらの項目について夫が手伝う場合は1、手伝わない場合は0として合計点をもとめた後、その合計点の平均値を基準として2つのカテゴリーに区分した。平均値である3点を基準に、0点から3点までが「家事参加低群」、4点以上の場合が「家事参加高群」となる。次に、夫の収入割合は、全体の世帯収入のうち、夫の収入が占める割合が「60%以下」「61%〜75%以下」「76%〜90%以下」「90%超過」の4つのカテゴリーに分けて分析する。本章における関心は、妻収入の割合が増加することが夫の

第4章　共働きで夫はストレスがたまるのか

心理的安寧に及ぼす影響であり、そのためには、妻の収入に対する変数が必要である。しかし、本データでは、本人（夫）の収入と家族全員の収入の合計だけをたずねており、配偶者（妻）の収入に対する情報はない。したがって、妻の収入割合の代わりに、世帯収入に占める夫の収入割合を用いることにする。

　被説明変数としては、ディストレスについての尺度を使用する。本調査では、CES-D（Center for Epidemiological Studies Depression）のうち、「ふだんは、何でもないことをわずらわしいと感じたこと」「何をするのも面倒と感じたこと」「物事に集中できなかったこと」などの8項目を用いて、最近1週間の心身の不快な状態をたずねている。これらの項目について「まったくなかった」に1点、「週に1〜2日」に2点、「週に3〜4日」に3点、「ほとんど毎日」に4点をあたえて、合成尺度を作成した。とりうる変数の範囲は、8〜32点であり、点数が高いほどディストレスが高いことを意味する。この合成尺度のcronbach α は0.86であった。

　また、これらの変数以外に、統制変数として、①教育年数、②世帯収入、③勤務時間、④ライフステージの変数を用いる[4]。

分析方法

　各仮説を検証するため、ディストレスを被説明変数とする一般線形モデルを実施する。まず、仮説1を検証するため、共働きに対する夫の意識と実態の一致状態を説明変数として単独投入し、それによるディストレスの差異を検討する。次に、属性的変数を統制した上で、その効果を確認するため、教育年数、世帯収入、勤務時間、ライフステージなどを加えた多元配置の一般線形モデルを行う。

　仮説2と仮説3を検証するためには、夫のディストレスに対する、夫の家事参加および夫の収入割合の変数と、夫の意識と実態の一致状態の交互作用効果を分析する。ここでは、夫の家事参加および収入割合の変数と、意識と実態の一致状態変数との交互作用項を投入した多元配置の一般線形モデルを実施する。

仮説の検証結果

　本章は、共働きが夫のディストレスに及ぼす影響は、妻の就業状態のみでな

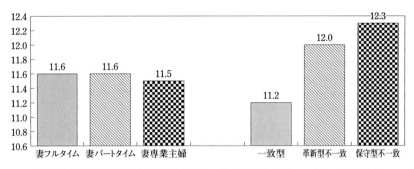

図 4-1 妻の働き方別・意識と実態の一致状態別夫のディストレスの平均値

く、その実態をめぐる夫の意識との関係によって異なるだろうという想定から出発している。これを確認するためには、意識と実態の一致状態の効果を検討する前に、まず、妻の就業形態によって夫のディストレスが異なるかを分析する必要がある。そこで、妻の就業形態による夫のディストレスの差を比較してみた。分析の結果、夫のディストレスは、妻がフルタイムの場合と妻がパートタイムの場合がともに11.6、妻が専業主婦である場合11.5で、その差はあまり大きくない（図4-1）。また、統計的にも有意ではなかった。こうした結果から、夫が経験するディストレスは、妻が就業しているか、いないかという客観的な事実だけに左右されるものではないことがわかる。本章における第一の想定は、支持されたといえるだろう。

妻の就業形態そのものが夫のディストレスに及ぼす効果は、統計的に有意ではないことを確認した上で、以下では、各仮説について検討する。

表4-1は、一般線形モデルを用いて夫が経験するディストレスの平均値を比較した結果である。モデル1では、意識と実態の一致状態のみ、モデル2ではそれに加え、統制変数として教育年数、世帯収入、ライフステージ、勤務時間を投入している。モデル3と4は、意識と実態の一致状態と、夫の家事参加および夫の収入割合の2つの変数の交互作用項を投入したものである。

最初に、夫が経験するディストレスが、共働きに対する夫自身の意識と実際の妻の就業形態の一致状態によって異なるという仮説1から検討していく。分析の結果は、夫のディストレスは、共働きをめぐる夫の意識と実態における妻

第4章　共働きで夫はストレスがたまるのか

表4-1　夫のディストレスに対する多元配置の一般線形モデル

	モデル1		モデル2		モデル3		モデル4	
	df	F	df	F	df	F	df	F
意識と実態の一致状態(A)	2	3.57 **	2	2.62 †	2	5.17 **	2	3.12 *
教育年数			1	1.69	1	0.86	1	2.23
世帯収入			1	10.15 **	1	6.62 *	1	11.87 **
ライフコース			2	1.54	2	2.12	2	1.47
勤務時間			1	1.87	1	1.78	1	4.15 *
夫の家事参加(B)					1	0.00		
(A)×(B)					2	6.51 **		
夫の収入割合(C)							3	3.57 *
(A)×(C)							6	0.93
N		377		329		307		326
Adj R^2		0.013		0.063		0.096		0.068

注：** は両側1％水準で有意、* は両側5％水準で有意、† は両側10％水準で有意。

の就業形態の一致状態によって異なることを示している（表4-1のモデル1）。その差は、統計的にも有意であり、また統制変数の影響を取り除いても同様である（表4-1のモデル2）。カテゴリーごとに平均値をみると、一致型が11.2で最も低く、革新型不一致は12.0、保守型不一致は12.3であり、不一致型同士の差よりは、一致型と不一致型（特に保守型不一致）の間の差が目立つ（図4-1）。こうした、各カテゴリー別のディストレスの平均値における差が、統計的にも有意であるかどうかを確認するため、多重分類分析を実施した。3つのカテゴリーについてペアごとに平均値を比較したところ、一致型と保守型不一致の間で5％水準で有意な差がみられた。図4-1からわかるように、夫が経験するディストレスは、妻の就業形態別に比較した場合より、意識と実態の一致状態別に比較した場合、その差が明確になる。このような結果から、仮説1は支持されたといえるだろう。

　続いて、夫が参加する家事の数が夫のディストレスに及ぼす影響は、意識と実態の一致状態によって異なるという仮説2を検証するための分析を行った（表4-1のモデル3）。その結果、一致型では、家事参加が多い場合はディストレスの平均が11.8、家事参加が少ない場合は11.3となっており、夫が参加する家事の数によって、夫が感じるディストレスの差は、それほど大きくない（図4-2）。興味深いのは、2つの不一致型における差異である。革新型不一致で

71

Ⅱ　夫婦間のサポート関係

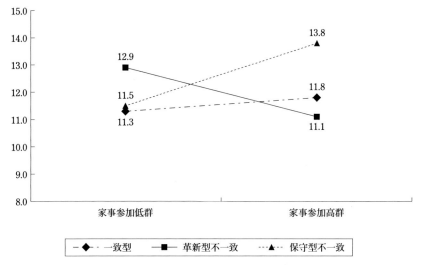

注：図中の値は調整平均である。

図4-2　共働きをめぐる意識と実態の一致度と夫の家事参加の交互作用

は、家事参加が少ない場合は、ディストレスの平均が12.9と高くなっているが、家事参加が多い場合には11.1と低くなっている。しかし、保守型不一致においては、それとは逆の傾向がみられ、参加している家事の数が多いほど、ディストレスが高いという結果になっている。このような結果は、また統計的にも有意であり、仮説2は支持されたと考えられる。

最後に、夫の収入割合が夫のディストレスに及ぼす効果に対する仮説3を検証した（表4-1のモデル4）。分析の結果、意識と実態の一致状態と夫の収入割合の交互作用項は、統計的に有意ではない結果が得られた。すなわち、夫のディストレスに対して、夫の収入割合がもつ効果は、共働きをめぐる夫の意識と実態が一致しているかいないかとは関連しない。しかし、夫の収入割合の主効果は認められた。カテゴリーごとに平均値をみると、「60％以下」が14.0で最も高く、「61％～75％以下」と「76％～90％以下」がともに11.5、「90％超過」が11.4などとなっている。すなわち、全体家族の収入のうち、夫自身の収入が占める割合が60％以下である場合は、夫のディストレスが顕著に高い。しかし、

こうした効果は、共働きをめぐる意識と実態の一致状態によっては影響されない。言い換えれば、夫収入割合が夫のディストレスに及ぼす効果は、共働きに対する意識と実態が一致する夫においても、一致しない夫の場合においても、同様である。したがって、仮説3は棄却されることになる。

意識と実態間の乖離と夫のストレス

　本章は、「共働社会の到来」ともいわれるほど、共働き家族が増加しつつある今日の状況に注目し、既存の研究ではあまり扱われなかった「夫」を対象として取り上げ、共働きの影響を検討してきた。また、その検討において、特に共働きをめぐる夫の意識と実態との関係に焦点をあてながら、どのようなメカニズムを通じて共働きが夫の心理的安寧に影響を及ぼすかを分析した。分析の結果から得られた知見をまとめると以下のようである。

　まず、夫のディストレス水準は、妻の就業形態ではなく、それと共働きに対する夫の意識との関係によって大きく異なる。共働きが夫に及ぼす影響は、妻の働き方よりも、それをめぐる夫の意識と実態の間の乖離によって左右されるのである。こうした結果は、夫を対象として、共働きという生き方の影響を分析する際、単純に妻が働いているかどうかという側面よりも、共働きに対する夫の意識と実態として妻の就業との関係を考慮する必要があるという主張を支持する[5]。特に、意識と実態が一致しない場合、ストレスが高くなるという結果は、この問題に対する学問的・政策的な関心の必要性を示唆するものであると考えられる。今後の研究においては、意識と実態の乖離を引き起こす要因、意識と実態の乖離からもたらされる結果などについて、さらなる分析が待たれる。また、このような実証的な研究成果の蓄積が、共働きと関連する支援策にも反映されることが望まれる。

　また、夫の家事参加程度がディストレスに及ぼす影響は、妻の就業をめぐる夫の意識と実態の一致状態によって異なることがわかった。すなわち、本章では、共働きに対する夫の意識が実態と一致する場合は、夫の家事参加の差異がディストレスの高低を帰結しないが、意識と実態が一致しない場合は、夫の家事参加の差異がディストレスの高低の差を伴う結果が得られた。さらに、夫の家事参加は2つの不一致型において、異なる効果をみせている。女性が外で働

くことに肯定的であり、革新的な性別役割分業意識をもっているが、妻が専業主婦である夫では、参加する家事の数が少ないほど、ディストレスが高くなっている。それに対し、女性の就業に否定的で、保守的な性別役割分業意識をもっているが、妻が働いている夫の場合は、参加する家事の数が多いほど、ディストレスが高い傾向がみられた。このような結果は、両者にとっての家事分担に対する考え方の差異が反映された結果であると解釈される。前者は、家事を妻だけではなく、夫も参加すべきものであると考えているため、たとえ妻が専業主婦であるとしても、低調な家事参加は夫のディストレスを高めることになる。反面、後者は、たとえ妻が就業しているとしても、家事は妻の役割であると考えるため、家事参加の増加がディストレスを高める効果をもつ。実際に「仕事をもつ妻は、家事・育児に多少手が回らなくてもかまわない」と「夫も家事を分担すべきである」という2つの考え方に対して、両者の平均値を比較したところ、統計的に有意な差が確認された。いずれの考え方についても、保守型不一致より革新型不一致で賛成する傾向がみられ、こうした推論の妥当性を裏づけている[6]。ただし、本分析で投入した家事参加の変数は、夫が家事に参加する頻度ではなく、その数で程度を測定しているため、結果の解釈においては、注意しなければならない。今後の研究は、より精密な尺度を用いて、夫の家事参加の影響を検討することが必要であるだろう。

　最後に、夫のディストレスに対する夫の収入割合の効果は、意識と実態の一致状態に関連しないことが明らかになった。夫の収入割合の影響は、共働きに対する夫の意識と実態が一致する場合においても、不一致である場合においても、変わらない[7]。いずれの場合においても、夫の収入割合が低いほど、夫のディストレスは高くなっている。一般的に、夫の収入割合が低い場合は、夫自身の収入も低い場合が多く、社会階層の低いことが予想される。低い社会階層が、ディストレスのような心理的安寧に否定的な影響を及ぼすということは、すでに先行研究で指摘されていることである（Kessler & Cleary 1980；Mirowsky & Ross 1989）。しかし、夫の収入割合が低いということは、夫以外にも家計の所得源があることを意味し、家族の側からみると、世帯の全体収入は増加することも考えられる。実際に、本データで確認したところ、夫の収入割合が低い場合、夫の収入も少ない傾向はあったが、夫の収入割合が低い場合

第4章　共働きで夫はストレスがたまるのか

に、世帯収入が多くなる傾向もみられた。つまり、夫の収入割合が低いということが、必ずしも、低い社会階層につながるとはいえない。この点を考慮すると、夫の収入割合とディストレスとの関係は、社会階層という側面より、日本男性における根強い稼ぎ手役割意識に関連して解釈した方がより妥当であると考えられる。例えば、日本家族社会学会が行った第2回家族についての全国調査（NFRJ03）によると、「家族を経済的に養うのは男性の役割だ」という男性の稼ぎ手役割に対する男性の回答は、賛成の割合が圧倒的に多い（嶋崎 2005）。妻の収入の増加により、夫が一家の稼ぎ手としての自分の役割に危機感を感じ、それが夫のディストレスに否定的な影響を及ぼす可能性が、共働きに対する夫の意識と実態が一致する夫、また一致しない夫とも同様であるという結果は、こうした強固な稼ぎ手役割意識の反映と考えられる。

　本章は、共働き家族の男性について検討した関連研究が不足している日本の状況で、夫を分析対象として取り上げ、妻の就業形態という客観的な状況だけではなく、それに対する夫の意識、また両者の関係に着目しながら、実証的な分析を行ったという点に、その意義があると思われる。ただし、本章の分析における核心概念である、意識と実態の一致・不一致の概念は、分析の便宜のため単純化したモデルに基づいているという点から、現実を充分に反映していない部分がある。また、人には自分が置かれている状況を合理化しようとする傾向があるため、自分のライフスタイルと一致する性別役割分業意識を選択した回答者がいるかもしれない。このような点を考慮すると、意識と実態の関係から、夫に対する共働きの影響を、より厳密に論じるためには、パネルデータを用いた分析が必要であるだろう。以上であげた本章の限界を含め、それぞれの共働き家族が置かれている様々な社会的文脈を十分に反映した分析の枠組を作るのが、今後の研究における課題であるだろう。

　謝辞
　〔二次分析〕に当たり、東京大学社会科学研究所附属日本社会研究情報センターSSJデータアーカイブから「今後の生活に関するアンケート（第一生命経済研究所 2001）」の個票データの提供を受けました。

II　夫婦間のサポート関係

注

1）尾嶋（2000）が指摘したように、「夫は外で働き、妻は家庭を守るべきである」という質問項目は、回答者がその社会の性別役割分業体制を許容しているかにかかわるものである。しかし、これに対する回答には、性別役割分業に対する「個人個人の選択」あるいは、「個人の選好」が重ねあわされた可能性も否定できない。

2）現在「病気で療養中である」ため、働けない場合は除外。

3）パートタイムの扱いについては、議論の余地がある。例えば、山田（2002：18）は、年間百万円程度稼ぐパートタイムの主婦は、準専業主婦として扱っている。また、「性別役割分業」に対する意識項目だけでは、パートという妻の働き方を、夫が就業としてみなすか否かという点は把握できないという限界もある。しかし、パートという働き方は、就業の一種であり、今年進んでいる労働力の非正規化の流れを考慮すると、パートを無職とみなすのは不適当であると考えられる。したがって、ここではパートを妻の就業とみなす。

4）教育年数については、最終学歴を卒業とみなし、それに対応する教育年数を算出した。次に、世帯年収の場合は、「200万未満」に100、「200〜300万円未満」に250、「300〜400万円未満」に350……など、調査票上のカテゴリーの中央値をもとに算出した年収額を用いる。また、便宜上「2,000万円以上」には2,250の値を与えた。勤務時間については、1日平均労働時間を分単位に換算したものを用いる。最後に、ライフステージの場合は、末子の年齢別に、「末子未就学」「末子小学生〜高校生」「末子大学生以上／学校卒業」の3つのカテゴリーに分ける。

5）もちろん、このようなアプローチは、男性だけではなく、女性の問題を検討する際にも重要であるだろう。既婚女性の就業について、女性自身の意識と実態との関係に注目した研究としては、尾嶋（2000）、木村（2000）などがあげられる。また、本書に掲載されている松田論文（第7章）は、就業戦略の一致／不一致という概念から意識と実態の乖離問題にアプローチしている。

6）「仕事をもつ妻は、家事・育児に多少手が回らなくてもかまわない」については1％水準で、「夫も家事を分担すべきである」については10％水準で有意な差がみられる。

7）本章の分析では、妻の収入に対する情報がなかったことから、夫の収入割合を代替変数として投入したため、断言はできない。しかし、本章の分析結果から、共働きによって妻の収入が占める割合が高くなると、夫のディストレスが高くなるという推測は、十分可能である。

第 5 章

夫のサポートが夫婦の結婚満足感を高める

竹内真純

1 対等な夫婦ほど結婚に満足しているのか

問題関心

夫婦の結婚満足感については、今までに多くの研究が行われている。離婚率の上昇している現代、結婚満足感は夫婦関係の維持につながる重要な要素だと思われるが、実証的研究においては、総じて、妻の結婚満足感が夫の結婚満足感より低いという結果が見られている（柏木 2003）。このような妻の低い結婚満足感を生み出す原因の 1 つに、夫婦関係の非対等性があるのではなかろうか。

現在、特に男女平等の教育を受けた若い世代の間では、「対等な夫婦」は望ましい夫婦関係の 1 つと考えられている。しかし、実際には、夫婦関係には妻を抑制する様々な非対等性が存在し、それが結婚満足感、特に妻の結婚満足感を下げる要因になっていると考えられる。そこで、本章では、夫婦の対等性の様々な側面に注目し、夫婦の対等性と結婚満足感との関係を検討したい。

サポートの衡平性

夫婦の対等性と結婚満足感との関連に注目した研究として、衡平理論に基づいた研究が行われている。これは、対人関係における満足感を、その関係に対する自己の貢献（インプット）とその関係から得られる結果（アウトカム）の比から説明しようとする理論である[1]。二者関係において、その関係に対するインプットとその関係から得られるアウトカムの比が、相手のインプットとアウトカムの比と等しいとき、その関係は「衡平」であり、その関係に対する満足感が高いとされる（Walster et al. 1978）。この理論は、ソーシャル・サポー

77

Ⅱ　夫婦間のサポート関係

トの研究にも援用されており、提供するサポート量と受け取るサポート量の均衡・不均衡という視点でサポートの衡平性を捉え、そのようなサポートの衡平性が心理的な適応に結びつくと考えられている。具体的には、相手に提供するサポートと相手から受け取るサポートの量が等しい（衡平）時には満足感が高いが、自分が与えているサポートの方が多い（過少利得）時には負担感が、相手からもらっているサポートの方が多い（過剰利得）時には負債感が生じ、いずれも満足感が低くなるとされている（周・深田 1996）。

　夫婦関係は、夫と妻の二者間で、家庭生活を営むための様々なサポートが交換されている関係だと言える。そのため、夫婦関係における満足感も衡平理論によって説明できると考えられる。先行研究では、日本の夫婦関係においても衡平理論が適用できることが示されており（諸井 1990）、特に、家事分担の衡平性と満足度との関連が注目されている（諸井 1996；岩間 1997）。

　以上のことから、本研究では、対等な夫婦関係とは夫婦のサポートの授受が衡平な関係であると考え、そのような対等な夫婦関係で、結婚満足感が高くなると考えた。

　ところで、現在、夫婦関係については様々な考え方が共存している。家事・育児、賃金労働を夫妻で等しく分担するのが平等だとする考え方もあれば、性別役割分業に基づいて、妻は家事・育児を通して夫は賃金労働を通して、それぞれが家庭に貢献するのが平等だとする考え方もある。よって、夫婦関係における衡平性を考える際は、家事・育児のような家庭内労働の衡平性だけでなく、家庭内労働と賃金労働を「道具的サポート」として包括的に捉え、夫妻それぞれが家庭生活に与える道具的サポートを全体として見た際の衡平性を考えるべきである。平等な家事分担を志向する夫婦だけでなく、性別役割分業に基づいた夫婦関係を望ましいと考える夫婦においても、全体的な道具的サポートの授受量が等しいことが、衡平であり、対等な関係だと言ってよいだろう。

　また、道具的サポートだけでなく、相手の話を聞いたり励ましたりといった情緒的なサポートも、夫婦関係における重要なサポートの１つである。情緒的サポートについては、妻から夫へのサポートが夫から妻へのサポートに比べて多いと言われているが（平山 1999）、この情緒的サポートについても、夫妻のいずれかに偏ることなく、互いに提供しあうことが対等な関係と言えるだろう。

78

衡平理論に従えば、道具的サポート・情緒的サポートともに、衡平な関係にある夫婦は、結婚生活における満足感が高いと予測される。しかし、衡平である場合よりも、自分が過剰利得である（＝自分の方が得をしている）場合の方が結婚満足感が高いという可能性も考えられる。そこで、衡平である場合と過剰利得である場合の、いずれの結婚満足感が高いのか、比較検討が必要である。

勢力の対等性

夫婦の対等性については、夫婦を不平等な対立関係として捉えた「勢力」「権力」の観点からも研究が行われている。権力とは、一般に「他者をその意図に反して自己の目的のために従わせる力」と定義され（見田ほか 1988）、権力を行使されるとは、自己の意図とは無関係に不本意な選択をさせられる経験だと言える（江原 1995）。夫婦関係においては、文化的・経済的理由により、夫が妻に対して権力をもっていると考えられている。特に、夫婦関係では、対立や喧嘩を避けるために、あらかじめ相手の反応を予想して自身の願望を抑圧する、潜在的な権力（Komter 1989）が多くの場面で働いているのではないかと考えられる。今回の研究では、夫婦の対等性のもう1つの側面として、この権力の概念を取り入れることとする。

本研究では、不本意な選択をさせられる（＝権力を行使される）ことがどのくらいあるかを、夫妻それぞれがどのくらい自由に行動できているかという視点から捉えた。対等な夫婦関係とは、夫婦の権力が同等である状態、言い換えれば、夫婦のどちらか一方のみが行動の自由を制限されるということがない状態だと言える。具体的には、例えば妻が家計のために自分の欲しいものを買わずに我慢している一方で、夫は自由に欲しいものを買っているというのは、対等な関係ではないと考えている。このように、夫婦関係において、どちらか片方のみが行動の自由を制限されているとき、夫婦関係に対する満足感は低いと予測できる。

しかし、自分が配偶者に対して権力をもっているとき、つまり、自分だけが好きなように行動して、配偶者の行動の自由を制限しているとき、結婚満足感は高くなるとも予想できる。そこで、夫と妻の行動の自由度が同等の場合と、自分の自由度の方が高い場合で、いずれの結婚満足感が高いのか、検討が必要

である。

　本章では、夫婦の対等性の概念として「サポートの衡平性」と「行動の自由度の同等性」に注目し、夫婦の対等性の多様な側面を検討した。そして、対等な夫婦関係とは「夫婦の一方のみが過重負担になったり、一方のみが自由な行動を我慢したりしていない状態」と定義した。

妻の就業と夫婦の対等性

　では、どのような夫婦で、こういった対等な夫婦関係が実現され得るのだろうか。対等な夫婦関係を実現する要因の1つとして、経済的な対等性が考えられる。

　近年、夫と妻が家事・育児と賃金労働を平等に担い合うのが平等であるという風潮がある反面、男女にはそれぞれ特有の能力や特性があり、夫婦が互いを尊重しながらそれぞれに適した役割を果たすのが平等だとする考え方もある。調査では、「男女の関係は対等であるべきだ」と考える人の中に、夫婦の役割分担として性別役割分業を望ましいと考える人が多く存在することも示されている（竹内ほか 2004）。

　しかし、実際には、経済的な対等性のない性別役割分業によって、対等な夫婦関係が実現され得るのかどうかには疑問が残る。例えば、資源の交換説によれば、情緒的サポートを提供するのが妻に偏っているのは、夫婦間に社会的・経済的格差があるためだと解釈できるし（柏木 2003）、夫が妻に対して権力をもっているのも、男性優位の文化的・経済的資源の作用として説明されている（松田智子 2000）。実際、先行研究では、妻の収入が高いほど夫の共感的態度が強いこと（平山・柏木 2001）、夫婦の収入差が小さいほど夫の家事参加が多いことが示されている（松田茂樹 2000）。このように、夫婦の経済的な対等性は、対等な夫婦関係と関連していると考えられる。

　以上のことから、妻の就業に伴う経済力の高まりによって、夫婦の対等性が高まり、それに伴って夫婦の結婚満足感が高まるのではないかと予測した。本章では、1. 夫婦の対等性の実態を調べ、2. 対等な夫婦ほど結婚に満足しているのかどうか、3. 妻の就業によって対等な夫婦関係が実現され得るのかどうか、を検討する。

2 様々な「対等性」

データ

　分析に用いたデータは、財団法人家計経済研究所が行った「現代核家族調査」(1999) である。この調査は、首都圏在住で妻年齢が35〜44歳の核家族世帯に属する夫婦を対象としていた。これは夫婦にほぼ同じ質問を尋ねたペアデータであったが、本研究では主に妻の回答を分析に使用した。サポートの衡平性に関して、「妻から見た衡平性」に注目したためである。サポートの衡平性は、本人が衡平と感じているかどうかが結婚満足度に影響すると考えられるため、夫か妻いずれかの認知を指標とする必要があった。本研究では妻側の認知に注目したのである。ただし、行動の自由度の同等性に関しては、妻の回答と夫の回答を比較して、妻の感じている自由度と夫の感じている自由度の違いを指標とした。行動の自由度の同等性は、潜在的な、表面化していない権力の指標であり、客観的な変数が必要だと考えたためである。

道具的サポートの衡平性

　道具的サポートについては、「分担割合」と「資産貢献割合」の2つの変数を作成した。「分担割合」は、家計費負担と家事・育児・介護を含めて、妻が家庭内の道具的サポート全体の何割くらいを負担してきたかを示す変数であり、「資産貢献割合」は、結婚後の資産形成に、家事・育児・介護も含めて、妻がどのくらい貢献したと考えているかを示す変数である[2]。両変数とも、妻の分担割合がちょうど半分の「衡平群」、妻の分担割合が半分以上（＝妻の負担の方が多い）の「過少利得群」、妻の分担割合が半分以下（＝妻の負担の方が少ない）の「過剰利得群」の3群に回答者を分類した。

　その結果、「分担割合」については、妻が過剰利得の夫婦がほぼ半数と最も多く、「資産貢献割合」については、衡平の夫婦が6割以上と最も多かった（表5-1）。これは、単純な分担の割合を表す「分担割合」に比べ、資産貢献割合が妻の総合的主観的な負担感をより強く反映しているためだと考えられる。男女の賃金格差などが原因で、夫婦内での家計費負担の割合は必然的に夫の方

Ⅱ　夫婦間のサポート関係

表5-1　夫婦の対等性の7つの側面について回答者を3群に分けたときの各群の人数

度数（%）

		過剰利得	衡平	過少利得
道具的 サポート	分担割合	473（51.2）	229（24.8）	221（23.9）
	資産貢献割合	169（18.2）	578（62.3）	181（13.8）
情緒的 サポート	悩みの受け入れ	445（48.1）	235（25.4）	246（26.6）
	相手への評価	67（7.2）	506（54.4）	357（38.4）
		自由度高	自由度同等	自由度低
行動の 自由度	金銭の自由度	165（17.7）	312（33.5）	453（48.7）
	外出の自由度	307（33.1）	337（36.4）	283（30.5）
	自宅内自由度	270（29.2）	403（43.6）	252（27.2）

注：サポートにかかわる変数（分担割合、資産貢献割合、悩みの受け入れ、相手への評価）については「過剰利得」「衡平」「過少利得」の3群に、行動の自由度にかかわる変数（金銭の自由度、外出の自由度、自宅内自由度）については「自由度高」「自由度同等」「自由度低」の3群に回答者を分類した。

が多くなるため、道具的サポートの単純な分担割合を見ると妻が過剰利得の夫婦が多いものの、妻の実感としては、夫婦が同程度に道具的サポートを負担してきたと感じているため、資産貢献割合では衡平群が多くなるのだろう。

情緒的サポートの衡平性

　情緒的サポートについては、お互いに相手の心配事や悩みを聞いてあげているかどうかを表す変数（悩みの受け入れ）と、お互いに相手の能力や努力を評価しているかどうかを表す変数（相手への評価）の2変数を作成した[3]。お互いに同じくらい相手の悩みを聞いている、あるいは、同じくらい相手を評価していると感じている「衡平群」、妻が夫の悩みを聞く／夫を評価するほどには、夫に悩みを聞いてもらっていない／夫に評価されていないと感じている「過少利得群」、妻が夫の悩みを聞く／夫を評価するよりも、夫に悩みを聞いてもらっている／夫に評価されていると感じている「過剰利得群」の3群に、2つの変数についてそれぞれ回答者を分類した。

　その結果、「悩みの受け入れ」については、妻が過剰利得の夫婦がほぼ半数と最も多かった。これは多くの先行研究とは異なる結果である。「相手への評価」については、衡平の夫婦がほぼ半数と最も多く、妻が過少利得の夫婦も4割近くと多かったものの、妻が過剰利得の夫婦は1割以下と目立って少なかった（表5-1）。夫婦の互いの評価については、妻があまり評価されない非対等な関係が未だ多く見られるようである。

第 5 章　夫のサポートが夫婦の結婚満足感を高める

行動の自由度の同等性

行動の自由度の同等性については、金銭の使用が自由にできるか（金銭の自由度）、1 人での外出が自由にできるか（外出の自由度）、自宅内で自由に趣味などができるか（自宅内の自由度）、の 3 変数を作成した。前述のとおり、この 3 変数については、妻の回答と夫の回答を比較した指標である[4]。そして、夫婦の自由度が同程度の「同等群」、妻が夫より自由度が低い（夫の方が自由に行動している）「自由度低群」、妻が夫より自由度が高い（妻の方が自由に行動している）「自由度高群」の 3 群に回答者を分類した。

その結果、「金銭の自由度」については、妻が夫より自由度が低い自由度低群がほぼ半数と最も多く、逆に妻の自由度が夫よりも高い自由度高群は 2 割以下と少なかった。金銭の使用のような経済的な面では、夫の権力が強い夫婦が未だ多いことがうかがえる。「外出の自由度」は、3 群の割合が同程度でほぼ 3 割ずつ、「自宅内の自由度」は、自由度が同等の夫婦が 4 割と最も多かった（表 5 - 1）。休日の外出や自宅での行動については、妻が自由を制限されているという非対等性は多くは見られず、妻は自由に外出するのに夫はしなかったり、逆に夫は自由に外出するのに妻はしなかったりといった、様々な形の夫婦関係が存在しているようである。

3　夫婦の結婚満足を高める要因

対等な夫婦では妻の結婚満足度が高いか

では、このような夫婦の対等性は、妻の結婚満足度に影響を与えているのだろうか。サポートの衡平性に関する 4 つの変数については「衡平」「過剰利得」「過少利得」の状態によって、行動の自由度の同等性に関する 3 つの変数については「同等」「自由度高」「自由度低」の状態によって、それぞれ妻の結婚満足度が異なるかどうかを調べるため、対等性の各変数を説明変数、妻の結婚満足度を被説明変数として分散分析を行った[5]。

その結果、7 つの変数全てについて、妻の結婚満足度との有意な関連が見られた。しかし、その関連の仕方は一様ではなく、大きく分けて、対等（衡平・同等）なときに最も結婚満足度が高くなる変数と、自分が有利（過剰利得・自

83

Ⅱ　夫婦間のサポート関係

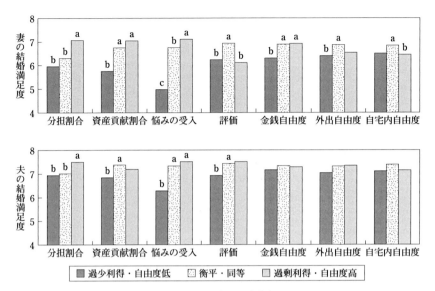

注：各変数につき、異なるアルファベットの記してある群の間に有意差があった。

図5-1　夫と妻の結婚満足度

由度高）なときに最も満足度が高くなる変数の2種類に分かれた。対等なときに妻の結婚満足度が最も高くなったのは「相手への評価」「外出の自由度」「自宅内自由度」の3変数、妻が有利なときに妻の結婚満足度が最も高くなったのは「分担割合」「資産貢献割合」「悩みの受け入れ」「金銭の自由度」の4変数である（図5-1）[6]。いずれの変数についても、自分が不利（過少利得・自由度低）のときに結婚満足度が最も低いという点は共通していた。

　このことから、夫婦関係の満足度においては、衡平を良しとする衡平原理と、自己の利益を最大化しようとする利得最大原理が混在していると考えられる。しかし、少なくとも、夫婦が同程度に互いを評価していること、外出や自宅内での行動において、いずれか片方が我慢を強いられないことは、妻の結婚満足度の高さと関連していた。互いを評価したり自由に活動したりといった点での夫婦の対等性を高めることによって、妻の結婚満足度が高まる可能性が示唆されたと言える。

第5章　夫のサポートが夫婦の結婚満足感を高める

対等な夫婦では夫の結婚満足度が高いか

　では、このような夫婦の対等性は、夫の結婚満足度には影響を与えているのだろうか。夫婦の対等性に関する上記の7つの変数について、7つの変数をそれぞれ説明変数、夫の結婚満足度を被説明変数として、分散分析を行った。ただし、先ほどと同様、サポートの衡平性に関しては、妻の回答、つまりサポートの衡平性についての妻の認知を変数として用いている。行動の自由度の同等性は、夫と妻の回答を比較した変数である。

　その結果、サポートの衡平性に関わる4つの変数について、夫の結婚満足度との有意な関連が見られた。4つの変数のいずれについても、過少利得群で夫の結婚満足度が最も低いという結果が一貫して得られた。また、妻の場合と同様に、衡平群で結婚満足度が最も高い変数と、過剰利得群で結婚満足度が最も高い変数の2種類に分けると、衡平群で夫の結婚満足度が最も高いのは「資産貢献割合」のみで、「分担割合」「悩みの受け入れ」「互いの評価」の3変数については過剰利得群で夫の結婚満足度が最も高かった（図5-1）[7]。

　このことから、サポートの衡平性に関する妻の認知が、妻だけでなく夫の結婚満足度にも影響を与えていることが示された。特に、結婚後の資産形成に対する貢献割合は、妻が衡平だと認知している際に、夫の結婚満足度が高い傾向がある。対等な役割分担であると妻が認識できるような夫婦関係は、妻のみならず夫の結婚満足度を高めるという意味で、夫婦関係に良い影響をもたらすことが示唆された。また、分担割合と情緒的サポートについては、妻の認知において夫が過少利得であるとき（＝夫が損をしているとき）に夫の結婚満足度が高いという奇妙な結果が得られた。しかし、妻から見て夫が過少利得であっても、夫自身から見て自分が過少利得であるとは限らない。夫が過少利得のときに夫の結婚満足度が高いというよりは、妻が自分を過剰利得だと認知している場合に、夫の結婚満足度が高いのだと考えた方が良いだろう。

　これは、妻が、自分たちの分担は衡平である、あるいは、自分が与えている以上のサポートを夫から受けていると認知することによって、妻の夫への態度がポジティブなものになり、夫婦の相互作用が円滑になるためだと推測できる。例えば、妻が夫から十分なサポートを受けていると感じているとき、妻が夫に優しく接するようになり、その結果、夫の結婚満足度が高くなると考えられる。

85

いずれにせよ、夫から十分なサポートを受けていると妻が感じることは、妻だけでなく夫の結婚満足度の高さにも結びつくと言える。

なお、行動の自由度の同等性に関する3変数については、夫の結婚満足度との有意な関連は見られなかった。行動の自由度の同等性と妻の結婚満足度には関連があったにもかかわらず、夫の結婚満足度とは関連が見られなかった理由としては、夫と妻で、行動の自由度の指標がもつ意味が異なっていたことが考えられる。例えば、夫と妻が同様に休日の外出をしていないとしても、妻は外出を我慢しているのに対し、夫は純粋に外出したくないからしていない可能性があり、そのため、夫にとって行動の自由度の変数が「権力を行使されていること」の指標になっていなかったのではないかと考えられる。もしそうであるなら、本研究で潜在的権力の指標として用いた、外出や家庭内での自由な行動、金銭の使用などは、妻にとっては潜在的権力によって制限される行動であるものの、夫にとっては潜在的権力による影響を受けない行動なのだと言える。夫に対する潜在的権力は何らかの別の行動に反映されているのか、もしくは、そもそも夫婦関係においては妻の行動のみが潜在的権力によって制限されているのか、いずれかの可能性があるだろう。

4 何が対等な夫婦関係を生み出すか

妻の就業が対等な夫婦関係を生み出すか

では、どのような夫婦で、こういった対等な夫婦関係が実現され得るのだろうか。妻の就業形態（フルタイム就業・パートタイム就業・専業主婦）と夫婦関係の対等性に関連があるかどうかを検討したい。夫婦の対等性に関わる7変数について、それぞれ規定要因を探るため、それぞれの変数を被説明変数とし、妻の就業形態を説明変数に含んだ多項ロジスティック回帰分析を行った[8]。分析の結果、妻の就業形態と夫婦の対等性には次のような関連が見られた。

まず、道具的サポートの衡平性についてである。妻が専業主婦の夫婦では、分担割合が過剰利得（妻の負担の方が少ない）になりやすく、資産貢献割合は過剰利得もしくは衡平になりやすいことが示された。一方、妻がフルタイム就業をしている夫婦では、分担割合が過少利得（妻の負担の方が多い）になりや

すく、資産貢献割合は過少利得もしくは衡平になりやすかった。フルタイム就業をしている妻は家庭と仕事の両方の負担を抱えるため、道具的サポートの負担感が強くなることがうかがえる。逆に、妻が専業主婦であっても、夫も多少は家事協力をすると思われるため、専業主婦の妻は就業をしていないぶん道具的サポートの分担割合が低くなり、負担感も少ないようである。

互いの評価については、妻が専業主婦の夫婦は過少利得（妻が評価しているほど夫に評価されていない）になりやすい傾向が見られ、妻がフルタイム就業の夫婦では過剰利得（妻が評価されているほど夫を評価していない）になりやすい傾向が見られた。専業主婦の妻は、就業している妻に比べて、自分が夫を評価しているほどには夫に評価されていないと感じることが多いようである。なお、悩みの受け入れについては、妻の就業形態による有意な違いは見られなかった。

行動の自由度の同等性については、金銭の自由度、外出の自由度、家庭内の自由度のいずれについても、妻の就業形態による違いは見られなかった。妻が就業していることによって、妻の行動の自由度、妻の権力が大きくなるということはないようである。

妻の経済力が高いほど夫婦の対等性が高まるという仮説は、「互いの評価」に関しては支持されたと言える。妻が就業していることで互いを対等に評価でき（対等に評価されていると妻が認識し）、夫婦の結婚満足度が高まるという関連があると推測できる。しかし、悩みの受け入れや行動の自由度の同等性については、妻の就業形態による違いは見られなかった。また、道具的サポートに関しては、妻がフルタイム就業をしている際に、妻の相対的負担が大きいことが示された。夫の家事参加時間は、妻の就業形態によらず一定であるという先行研究に見られるとおり（松田・鈴木 2002）、妻が就業していても夫の家事参加量はあまり多くならず、結果として妻の負担が大きくなるという現実がうかがえる。「妻の経済力が高くなれば夫婦は対等になり、結婚満足度が高まる」とは、一概には言えないようである。

夫の家事参加や夫婦の会話が対等な夫婦関係を生み出すか

さらに、夫婦の対等性を規定するその他の要因として、夫の家事参加と夫婦の会話量について検討したい。夫の家事参加が多い夫婦や、会話量が多い夫婦

では、夫婦で共有する時間や行動が多く、夫婦の相互理解度が高いと思われる。そのため、どちらか一方のみが過重負担になる、どちらか一方のみが我慢する、といった事態にはなりにくいのではないだろうか。

先ほどと同じ多項ロジスティック回帰分析の結果から、夫の家事参加、夫婦の会話量と夫婦の対等性との間には、次のような関連が見られた。

まず、夫の家事参加が多いほど、分担割合が過剰利得（妻の負担の方が少ない）になりやすく、資産貢献割合が衡平になりやすいことが示された。また、夫婦の会話が多いほど、分担割合が過剰利得になりやすかった。夫の家事参加が多いときに、道具的サポートにおける妻の分担及び負担感が少なくなるというのは、納得のいく結果である。

悩みの受け入れについては、夫婦の会話が少ないほど過少利得（妻が悩みを聞くほどには悩みを聞いてもらっていない）になりやすく、夫の家事参加が多いほど過剰利得になりやすかった。また、互いの評価については、夫婦の会話が多いほど衡平になりやすいことが示された。夫婦の会話が多いことによって、妻は夫に悩みを受け入れられていると感じるようになり、かつ、互いを対等に評価できていると感じられるようになると言える。情緒的サポートの対等性にとって、夫婦の会話は重要な役割を果たしていることがわかる。

金銭の自由度および外出の自由度については、夫の家事参加が多いほど自由度高（妻の自由度が夫より高い）になりやすく、自宅内の自由度については、夫の家事参加が少ないほど自由度低になりやすかった。しかし、これは、夫の家事参加によって夫婦の行動の自由度が規定されているというよりは、妻の自由度が高い、すなわち妻の権力が夫よりも大きい夫婦で、夫の家事参加が促進されているのだと考えた方が良いだろう。

5　結婚満足感の低い夫婦の特徴

では、実際の夫婦関係において、これらの様々な「対等性」は全体としてどのような関係性を形成しているのだろうか。各変数がどのような組み合わせパターンで現れるのかを調べるため、これらの7つの変数を対象としたクラスター分析を行った[9]。その結果、次の5つのクラスターが見出された（図5-2）。

第 5 章　夫のサポートが夫婦の結婚満足感を高める

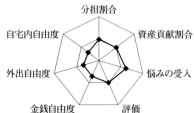

注：それぞれにつき、内側の 7 角形が対等（衡平・同等）、それより外側にいくほど妻が有利（過剰利得・自由度高）、内側にいくほど妻が不利（過少利得・自由度低）。

図 5-2　夫婦関係対等性の 5 つのパターン

II　夫婦間のサポート関係

それぞれのクラスターと、各クラスターに見られた特徴は次の通りである。

①　自由度高群（193人、21.3%）

妻の外出の自由度、自宅内自由度が高く、その他は概ね対等な群。

妻の就業形態：フルタイム就業の割合が相対的に高い。

結婚満足度：中程度（妻は5群中3番目、夫は5群中4番目）。

他の特徴：妻の年齢がやや高い。

②　サポート過剰利得群（248人、27.3%）

分担割合、資産貢献割合、悩みの受け入れが過剰利得で、その他はほぼ対等な群。

妻の就業形態：専業主婦とパートタイムの割合が相対的に高い。

結婚満足度：夫も妻も最も高い（他の4群より有意に高い）。

他の特徴：夫婦の会話、夫の家事参加が多い。妻の年齢が若い。

③　評価低群（141人、15.5%）

道具的サポートはほぼ衡平だが、情緒的サポートが過少利得で、行動の自由度が低い群。特に、互いの評価について、妻が目立って過少利得になっている。

妻の就業形態：専業主婦の割合が相対的に高い。

結婚満足度：夫も妻も最も低い（他の4群より有意に低い）。

他の特徴：夫婦の会話が少ない。

④　負担感大群（101人、11.1%）

資産貢献割合が目立って過少利得で、金銭の自由度が低く、他は概ね対等な群。

妻の就業形態：就業している人（パートタイム、フルタイムいずれも）の割合が相対的に高い。

結婚満足度：妻は評価低群に次いで低いが（5群中4番目で①②⑤より有意に低い）、夫は中程度（5群中3番目）。

他の特徴：妻の年齢がやや高い。

⑤　情緒サポ受・自由度低群（224人、24.7%）

悩みの受け入れは過剰利得、互いの評価は対等で、行動の自由度は低い群。

道具的サポートはほぼ対等。

妻の就業形態：フルタイム就業の割合が相対的に高い。

結婚満足度：夫も妻も、サポート過剰利得群に次いで2番目に高い。

他の特徴：特になし。

　全般的に対等性が高い、あるいは低いといった夫婦関係のパターンは現れなかった。ほとんどの点は対等であるが特定の側面の対等性が低い、という形で、夫婦関係の非対等性が現れていることがわかる。そして、夫婦の対等性の様々な側面の中で、特に、「悩みを聞く」「互いの評価」「負担感」という3つの側面が、結婚満足度に与えるインパクトが大きいことが示唆された。

　それぞれの群と結婚満足度との関係に注目すると、まず、他の側面は対等であっても、妻が、自分が夫を評価しているほど夫に評価されていないと感じている夫婦（評価低群）と、妻の役割分担の負担感が大きい夫婦（負担感大群）が、結婚満足度の低い夫婦として特徴的に存在することが示された。評価低群では専業主婦の割合が相対的に高く、負担感大群では働く妻の割合が相対的に高かったことから、単純化して言えば、「夫に評価されないと感じている専業主婦」と「仕事と家庭の二重負担に苦しむ働く妻」の2種類の妻が、結婚満足度の低い妻として存在すると考えられる。このことから、専業主婦は自分が評価しているほど相手から評価されないこと、働く女性は負担感の大きさ、という、それぞれ異なる独自の理由によって、結婚満足度が低下することが示唆された。特に、「夫に評価されないと感じている専業主婦」の夫婦では、妻のみならず夫の結婚満足度も最も低かったため、互いを対等に評価すること（対等に評価されていると妻が感じられること）は、夫と妻の双方にとって重要だと言える。

　逆に、「サポート過剰利得群」と「情緒サポ受・自由度低群」では、夫と妻双方の結婚満足度が高かった。このことから、妻が多くのサポートを受け取っていると考えている夫婦、特に、自分が夫の悩みを聞くよりも夫に悩みをよく聞いてもらっていると妻が感じている夫婦で、夫と妻双方の結婚満足度が高いことがわかった。「情緒サポ受・自由度低群」のように、妻の行動の自由度が低い場合でも、夫に悩みを聞いてもらっていれば結婚満足度が高いというのは、意外な結果であった。妻が権力をもって自由に行動することよりも、夫から情

緒的なサポートを受けられることが、妻の結婚満足感を高めるのに影響しているようである。

現代核家族調査では、妻の職業によって結婚満足度に大きな違いは見られない（家計経済研究所 1999）。本研究からは、そのメカニズムが妻の職業によって異なる可能性が示唆された。

単純化して言えば、まず、専業主婦には、①夫の道具的・情緒的サポートを十分に受けていて結婚満足度が高い人、②夫に評価されていないと感じていて結婚満足度が低い人、の大きく2種類が存在することが示唆された。逆に、フルタイム就業の妻には、①役割分担の負担感が大きく結婚満足度が低い人、②夫に評価されているということも含め、情緒的サポートを受けていて結婚満足度が高い人、という大きく2種類が存在すると考えられる。パートタイム就業の女性は、その中間にあたり、①役割分担で得をしていて結婚満足度が高い人と、②役割分担の負担感が大きく結婚満足度が低い人、といったように、役割分担の負担感によって大きく2種類に分けられるようである。

妻の経済力が高まることによって夫婦の結婚満足度が上がるためには、妻の就業が妻の負担感により強く結びつくのか、互いの評価の対等性により強く結びつくのか、という点が分かれ目だと言えるだろう。そして、妻の就業がそのどちらに結びつくかは、夫婦の会話量や夫の家事参加の量によって決まっていると推測できる。本研究の結果からは、妻の経済力が上がることによって夫婦の対等性が高まり、結婚満足感が高まるということは一概には言えなかった。しかし、夫のサポートが、夫妻双方の結婚満足感を高めることが示された。そして、夫婦の会話を増やし、夫の家事参加を増やすことで、夫と妻が互いを対等に評価するようになり、妻の役割分担の負担感が軽減されて、夫妻双方の結婚満足感が高まる可能性があることが示唆された[10]。

謝辞
　〔二次分析〕に当たり、東京大学社会科学研究所附属日本社会研究情報センターSSJデータアーカイブから「現代核家族調査」（家計経済研究所）の個票データの提供を受けました。

注

1）衡平理論は、Adamus（1965）によって提唱された理論で、分配の公正・不公正の認知を、自己のインプットとアウトカムの比と他者のそれとの比較によって説明している。Walster（1978）はこれを対人関係の領域に適用した。

2）「分担割合」は「結婚してから今までのお２人の家計費（生活費）負担総額を10割とすると、「夫」は何割くらい負担してきましたか」「結婚してから今までの家事、育児、介護すべてを10割とすると、「妻」は何割くらい分担してきたと思いますか」（それぞれ数値を回答）の２項目から算出した。「資産貢献割合」は「結婚後、お二人で築いてきた資産への、あなたの貢献は何割くらいだとお考えですか。家事、育児、介護などの貢献も含めてお答えください」（数値を回答）の項目を用いた。

3）「悩みの受け入れ」は「夫は私の心配事や悩みを聞いてくれる」「私は夫の心配事や悩みを聞いてあげる」の２項目を用いて、「相手への評価」は「私は夫の能力や努力を評価している」「夫は私の能力や努力を評価してくれる」の２項目の差をとって変数を作成した。

4）「金銭の自由度」は「あなたの家では、家族の生活費のために、自分のために使うお金を切り詰めるようなことがどのくらいありますか」の項目、「外出の自由度」は「休日、あなたは、自分だけあるいは家族以外の誰かと、どの程度レジャーのために外出しますか」の項目、「自宅内の自由度」は「休日、あなたは、自分だけあるいは家族以外の誰かと、どの程度自宅でレジャーや趣味を楽しんでいますか」の項目を用いて、それぞれ、同質問に対する妻の回答と夫の回答の差をとって変数を作成した。

5）妻の結婚満足度は、「あなたは現在の夫婦関係に満足していますか」「あなたにとってご主人との結婚生活は期待どおりのものでしょうか」の２項目を加算して変数を作成した（r＝.66, p＜.001）。夫の結婚満足度も同様。

6）ただし、資産貢献割合、金銭の自由度、外出の自由度については、衡平／同等群と過剰利得／自由度高群の間には有意差はなかった。

7）ただし、衡平群と過剰利得群の間に有意差があったのは、「分担割合」のみだった。

8）説明変数として、妻の就業形態（ダミー変数）、夫婦の会話量、夫の家事参加、夫と妻それぞれの性役割意識、夫婦の話し合いの重視度、妻の年齢、妻の学歴、世帯収入を投入しているが、主要な点のみを報告する。

9）それぞれの変数につき、３群（衡平・過剰利得・過少利得／同等・自由度高・自由度低）に分けた変数ではなく、変数作成の際の、２項目の差をとった値を分析対象としてクラスター分析を行った。

10）しかし、本研究には多数の問題点もある。まず、サポートの衡平性に関して、妻の認知のみを指標としており、夫婦関係の実態をきちんと測定しているかどうかには疑問が残る。妻だけでなく夫側の認知も考慮し、夫の認知と妻の

Ⅱ　夫婦間のサポート関係

　認知の関連を検討していくことが望ましいと言える。また、夫婦の対等性の規定要因としては相対的な資源の量が重要だと言われているが、本研究では相対的な資源については分析に加えなかったため、今後の検討が必要であろう。

Ⅲ

女性の就業と社会参加

第6章

性別役割分業と政治参加

前田幸男

1 女性が政治参加に消極的なのは何故か

問題関心

本章は仕事と家庭生活が政治参加に与える影響について考察する。多くの人々にとって、仕事と家庭は日常の関心の大部分を占める。また、時間の大半も仕事と家事・育児等に費やされる。それと比較すると、人々が政治に払う関心や、政治活動に割く時間は微々たるものにすぎない。極端な場合は、一度も選挙で投票せずに一生を終えることも可能である。しかし、一生家庭も仕事も持たずに生きることは稀であろう。ならば、日常生活の「残余」領域を与えられるに過ぎない政治に人々が払う関心や費やす時間は、仕事や家庭の状況から大きな影響を受けているのではないだろうか。ただし、ここで忘れてはならないのは、仕事や家庭がもつ意味は男性と女性とでは相当異なることである。現代社会では仕事、家庭生活において様々な性別役割分業が存在する。男性の就業率は女性よりも高く、子どもがいる場合の育児負担は、女性の方に重くのしかかるのが一般的である。一方、政治行動及び政治的態度に関して男性と女性との間に差があることは政治学者の間ではよく知られているが、仕事・家庭における性別役割分業がどのような影響を与えているかは従来議論されてこなかった。本章では、仕事、家庭生活における分業が、いかなる政治的帰結を持つのかを検討する。

先行研究

政治参加の代表的な形態は選挙における投票である。戦後初期は男性の投票

Ⅲ　女性の就業と社会参加

率が女性のそれを大幅に上回っていた。女性の投票率が男性を上回るようになるのは、1960年代後半からである。衆議院選挙の投票率については1969年総選挙以降、女性の方が若干高いまま推移している[1]。投票参加において政治的に意味のある性差は今日存在しないように思われる。一方、投票参加以外の政治活動については社会調査データの結果を利用するしか知る術はないが、選挙運動、地域活動、役所への接触等については一貫して男性の方が活動的である。

　日本のデータを用いて政治参加における性差を検討した数少ない研究を概観すると、ヴァーバ、ナイ、キム（Verba, Nie, and Kim 1978）は、調査対象7ヵ国に日本を含むと同時に、特に1章を割いて政治参加における性差の分析を行っている。そこでは、各国における相違はあるが、基本的に政治参加における性差は男性と女性との間に存在する教育程度の差、および両者の間に存在する組織帰属の差により説明されている。女性だけを見れば、教育程度の高い人は教育程度の低い人よりも積極的に政治活動に参加する。また、多くの組織に帰属する女性は、組織との関係が少ない女性よりも活動的である。しかしながら、同じ教育程度の男性と女性とを比べると、あきらかに男性の方が活動的である。ヴァーバたちは、そこに教育や組織帰属とは異なる社会的・文化的要因が存在することを指摘した上で、回避仮説と抑制仮説という2つの仮説を提案している。

　回避仮説は、女性は基本的に政治に関心を持たないがゆえに、投票以外の政治活動に参入しないという議論である。裏を返すと、男性よりも高い投票参加は義務感と動員の結果であり、明確な目的達成手段としての政治的行為ではないことになる。それに対して抑制仮説とは、心理的に政治に対する関心はあるが、内的あるいは外的制約の存在ゆえに政治に参加できないというものである。内的制約としては性役割に対する規範的な考え方、外的制約としては、育児・家事労働による時間の欠如などが考えられよう。また、仮に明確な抑制の圧力が無くとも機会・知識・技能の欠如から参加しない（できない）可能性もある。

　ヴァーバたちは、7ヵ国のデータを吟味した後に、基本的には回避仮説が妥当すると結論づけている。即ち女性は政治について興味・関心が低いゆえに、政治活動に消極的なのである。ただし、日本を含む数ヵ国のデータをみると、高学歴の有職女性は、政治的関心が高いにもかかわらず、男性一般と比べても

第6章　性別役割分業と政治参加

政治参加に消極的である。ヴァーバたちはそこに政治への心理的関与が参加活動として現れることを防ぐ何らかの抑制の力学が働いていることを示唆している。

　ヴァーバたちの研究を前提に、1970年代後半から80年代の変化について検討したのが、綿貫（1991）である。綿貫は1987年に明るい選挙推進協会が行った調査データを利用しているが、従前と比べて女性の政治的関心が高まっていることを指摘し、既に80年代後半の段階で政治参加における性差を単純に回避仮説のみで説明することは難しく、抑制仮説がより妥当する状況になっていると論じている。特に高学歴者のみに比較を限定すれば、心理的関与については顕著な性差は消滅している。

　ヴァーバたちの国際比較研究も、その後の変化について論じた綿貫の論文も、女性の政治に対する心理的関与が政治活動へと転化されないこと、あるいは女性の場合、政治的関心が男性の場合ほど、政治活動を促進しないことを根拠として、抑制仮説が一定の妥当性を持つと結論づけている。ただし、両者とも具体的に何が女性の政治参加を抑制しているのかについて明確に議論していない。

　この点、筆者は、ヴァーバが後にバーンズとシュロツマンと行った米国における政治参加と性差の研究（Burns, Schlozman, and Verba 2001）を参考にして、家庭内の家事負担や、就業形態・職種における男女の差が、女性に不利に働いているのではないかと考え、分析を試みた（Maeda 2005）。すなわち、女性の政治的関心が具体的な参加活動へと結実しないのは、家事・育児負担が男性よりも女性に重くのしかかること、また、職業を通じた政治参加への経路が、就業形態や職種の差により、女性には閉じられているからではないかと想定したのである。拙稿で分析に用いたのは東京大学東洋文化研究所が行ったアジア・ヨーロッパ調査の日本データだが、就業形態や婚姻状況が一定の影響を政治参加にもたらすことは確認できた。また、政治参加を説明する重要な変数の1つは年齢であるが（蒲島 1988）、その年齢と政治参加との関係が、男性と女性とでは大きく異なることも明らかになった。具体的には、男性は年齢が高いほど、政治的にも活発になるのに対し、女性の場合は加齢に応じた政治参加の増加が見られないのである。とりわけ40歳代以降の性差の拡大は大きい。

　年齢が男性と女性とで異なる意味を持つ理由を探るためには、年齢と共に変

99

Ⅲ　女性の就業と社会参加

化するが、男女でその変化が異なる要因と政治参加との関係を検討することが
重要となる。男性と女性の政治参加の程度は、20歳代、30歳代ではほぼ同じで
あるが、40歳代以降で大きな違いになって現れる。これは、憶測をたくましく
すれば、女性の就業パターンがM字カーブを描くのと関連しているようにもみ
える。そこで本章ではJGSS2003の留置B票に政治参加質問が存在することを
奇貨として、家庭生活・仕事と政治参加との関係を詳細に検討する。男女で異
なる年齢の影響を、その原因となる家庭・就業環境との関係から分析すること
で、従前は必ずしも明確に議論されてこなかった政治参加における性差の原因
の一端を明らかにできるのではないかと考えている。具体的に検討対象となる
のは、家族関係の変数としては、婚姻状況、子どもの数、長子・末子年齢、職
業関連では職業（SSM職業8分類）、通勤時間、就業形態、就業時間である。

2　職業と政治参加

　まず、政治参加経験の比率を形態別に示す。JGSS2003においてはB票（留置）
で「次のうち、あなたがこの5年間に経験したことすべてに○をつけてくださ
い」（下線原文）という質問文を用いて、日本人の政治活動について測定を試
みている。以下に各項目およびその選択率を男女別に示す。
　一見して明らかであるが、男性の方が政治的に活発である（表6-1）。男女
で差がないのは投票と署名という極めて簡便な行為、さらには時間も人脈も要
しないであろう献金である。裏を返すと、男性と女性との間に統計的有意差を
確認できるのは、時間、人脈、社会的地位等を必要とする活動である。上記10
項目を単純に加算して合成尺度を作成すると、全体で平均2.5、標準偏差1.8と

表6-1　政治参加における性差

	投票	町内会活動	有力者と接触	政治家と接触	請願	集会参加	選挙運動	市民運動	署名	献金	N
男性	0.92	0.39	0.18	0.10	0.06	0.33	0.18	0.09	0.25	0.27	722
女性	0.91	0.34	0.08	0.04	0.03	0.19	0.11	0.06	0.26	0.28	984
全体	0.91	0.36	0.12	0.06	0.04	0.25	0.14	0.07	0.26	0.28	1706
t値	0.31	2.37**	6.28**	5.25**	3.20**	6.43**	3.93**	2.25*	−0.45	−0.35	

注：各数値は当該活動を行った人の割合である。t値は片側検定で、*を$p<0.5$、**を$p<0.1$の場合に付してある。

第6章　性別役割分業と政治参加

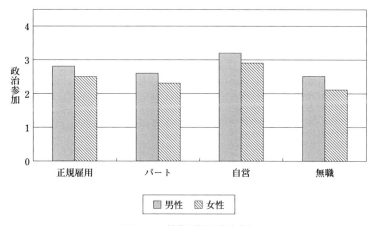

図6-1　就業形態と政治参加

なる。これを男女別に集計すると、男性は平均2.8、標準偏差2.0、女性は平均2.3、標準偏差1.7となる。以下、この尺度（政治参加尺度）を中心に検討する。

最初に単純な就業形態による違いをみよう。常勤、パート、自営、無職の4分類について男女それぞれの政治参加尺度の平均値をグラフとして示したのが、図6-1である[2]。就業形態の影響は比較的明瞭であり、特に自営業層が政治的に活発であることがわかる。ここで特徴的なのは、全ての就業形態において性差が（少なくとも記述統計的には）確認できることである。さらに、女性であっても自営業層の女性は他の就業形態の男性よりも政治的に活発である。その一方、政治的に最も非活動的なのが職業を持たない女性である。自営業者が政治的に活発であることは、自由民主党が伝統的に農業・自営業層を重要な支持基盤とし、組織化の対象としてきたことを考えるならば、決して驚くべき結果ではない。では、正規雇用、パート、無職の差は何に由来するのであろうか。

職業を持つ者は、利用可能な時間的資源という意味では、無職のものよりも不利な立場にある。政治的活動・選好が就業形態に影響を与えるというのは考えづらいので、職業そのものが政治活動に影響を与える、あるいは職業を通じて何かが政治活動に影響を与えると想定すべきであろう。その場合、2通りの理由づけが可能であるように思われる。1つは、職業経験を通じて得られる技

III　女性の就業と社会参加

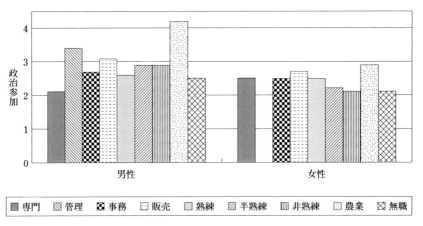

図6-2　SSM職業8分類と政治参加

能・知識が政治参加を促進すると考える場合であり、これを技能形成仮説と呼ぶ。具体的には、人々は職業を通じて法律、行政制度、会計制度等の知識を習得する、あるいは他者との交渉を行う際の技術を身につけ、政治的に利用可能な人脈を持つ。法律・行政制度を熟知し、他者との交渉にも習熟し、有力者を知己として持つことは、政治活動にとって極めて有益であり、結果として個人の政治活動を促進すると考えられる。この場合、管理職・専門職が活動的であることが予測される。もう1つの説明としては、職業経験を通じて同業者の組織・団体に加盟する、あるいは職業利益に鋭敏になることで、政治的に活発化することが考えられる。これを職業利益仮説と呼ぶ。具体的には、組織化が著しい農業、小売業等が政治的に活発だと考えられる。そこで、職業と政治参加との関係をより詳細に検討すべく、SSM職業8分類と政治参加との関係を検討する。

　図6-2は男女別にSSM職業8分類と政治参加尺度との関係を示すものである。まず男性について視覚的に検討すると、技能形成仮説と職業利益仮説のどちらも一定程度当てはまるようにみえる。男性では専門職が最も政治活動に消極的であり、活動的なのは農業と管理職である。農業従事者の活動量の多さは、農業従事者自身の職業利益意識の高さや、農業協同組合を中心とした政治的働きかけ等によるのであろう。管理職が政治活動に積極的なので、技能形成仮説

第6章　性別役割分業と政治参加

も部分的には当てはまるように思われる。また男性の無職は、女性の事務・熟練・専門職と同じ程度の活動量を示す。これは、女性の無職の多くが主婦層からなるのに対し、男性の無職の多くが引退した人々だからであろう。すなわち、男性の無職者については過去の職業経験をいわば遺産として持っているのに対し、女性無職者には職業経験の遺産を持つ者が少ないと考えられる。

　次に女性のグラフを検討する。女性で一番活発なのは農業従事者であるが、その活動量は男性の半熟練労働者と同じ程度である。ただし女性のグラフの顕著な特徴は、職業範疇間の差が男性の場合ほどは大きくないことであろう。男性は職業経験に応じて政治参加経験が異なるのに対し、女性はその差が明瞭に出ないのである。これはSSM職業8分類で同じ職業範疇に分類されるとしても、実質的に女性と男性とでその内実が異なるからではないかと考えられる。専門職や熟練に分類される女性に相当のパートがいることを考えると、実際問題として女性の場合は男性ほど各職業分類間の差が大きくない可能性がある。

　最後に、労働時間と通勤時間が与える影響を考察しておきたい。仕事に割かれる時間は、政治活動には利用できないという意味で、外的な制約であることは間違いがない。しかし労働時間と政治参加との関係を検討すると、そこには期待したような関係を見つけることができなかった。それと比較すると、同じく統計的に有意ではないが、通勤時間と政治参加との間には、相関係数にして−0.02と、期待に添う関係がみられる。特に男女別に計算すると、男性は−0.1で、5％水準で統計的に有意であった。女性の場合相関係数は0.0となる。

3　家庭と社会的ネットワーク

家庭

　以上、仕事内容および通勤は政治参加を促進あるいは制約する要因として働くことを確認した。特に通勤は時間という貴重な資源を消費することにより、少なくとも男性については政治参加に一定の制約を加えている可能性が高い。では、仕事と並び私たちの日常生活で大きな比重を占める家庭はいかなる影響を政治活動に与えるであろうか。家庭内の性別役割分業は、男性と比して多くの時間的負担を女性にかけていると考えられるが、それは政治的に重要な帰結

103

Ⅲ　女性の就業と社会参加

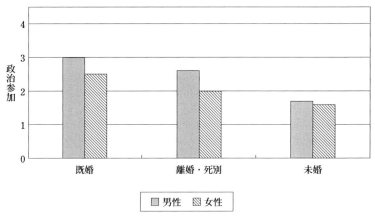

図6-3　婚姻状況と政治参加

をもたらすであろうか。JGSS2003には残念ながら家事時間についての質問項目はないが、婚姻関係、子どもの数・年齢を中心に家庭生活が政治活動へ与える影響を検討していこう。

　最初は婚姻そのものと、政治参加との関係である（図6-3）。結果は明瞭であり、未婚者は政治活動に消極的で、既婚・有配偶者が最も積極的、離婚・死別がその中間である。ただし、平均年齢をみると、既婚者が55歳、離婚・死別者が66歳、そして未婚者が34歳であり、年齢の影響を差し引いて考える必要がある。また、各婚姻状況範疇のなかでは、未婚者以外は、明瞭な男女差がある。有配偶と離婚・死別の場合に男女差が明瞭になることから、結婚は女性を男性よりも政治参加において不利な立場におくといえるだろう。ただし、婚姻そのものは政治活動の量を押し上げるので、既婚女性は未婚男性よりも政治的に活発である。

　次に、子どもの年齢と政治参加尺度との関係であるが、ここでも2つの考え方が可能である。1つは長子年齢との関係を重視する立場であり、これを長子仮説と呼ぶ。長子仮説では、長子の成長に伴い、幼稚園・保育園、あるいは小学校のPTAをはじめとする様々な社会的活動へと親たちが関与するようになり、その副産物として親たちは政治的に活発になると考える。もう1つの考え

第6章　性別役割分業と政治参加

表6-2　子どもの年齢と政治参加尺度

| | 男性 | | | 女性 | | |
	偏相関係数	有意水準	n	偏相関系数	有意水準	n
長子年齢	0.165	0.065	126	0.093	0.193	200
末子年齢	0.083	0.311	153	0.010	0.879	254

注：子どもが18歳以下の場合のみを計算に用いている。

方は、末子年齢との関係を重視する立場であり、これを末子仮説と呼ぶ。末子仮説では末子が小さいうちは、特に乳幼児期に、育児に時間を取られるために政治活動が制約されると考える。この場合は、本来的に政治的に積極的である人々が、育児という外在的制約により、政治活動を控えると考えるのである。

この2つの力学は相互排他的ではなく同時に作用しうるが、ここでは相関係数を計算して、子どもの年齢と政治参加との関係をみておきたい。ただし、親の年齢と子どもの年齢との間には強い関係があるので、ここでは本人（親）年齢を統制した後の政治参加尺度と長子年齢との偏相関係数、および政治参加尺度と末子年齢との偏相関係数を計算する。また、子どもが高校を卒業した後は、親の政治活動への影響は少ないと考え、子どもが18歳以下の場合のみを、計算に用いている。

結果は表6-2に示すとおりであるが、男女とも長子年齢と政治参加尺度との偏相関係数が、末子年齢のものよりも大きい。偏相関係数は統計的に有意ではないが、この結果から、もし子どもの有無が親の政治活動に影響を与えるならば、育児からの解放が政治活動を活性化させるという末子仮説よりは、子どもの成長に付随して、親も社会とのかかわりを、心理的にあるいは具体的な活動において持つようになり、政治的に成長するという長子仮説の方が妥当するように思われる。

最後に、子どもの数についても一瞥しておきたい。末子仮説が妥当するならば子どもの数の多さは育児・家事負担の多さを意味するがゆえに、政治参加の制約要因となるはずである。それに対して、長子仮説が正しければ、子どもが多いほど地域社会やPTA活動への接点は増えることになり、子どもは政治参加の促進要因であると考えることになる。図6-4に、子どもの数毎に計算した政治参加尺度の平均点を男女それぞれについて示している。先ほどと同様に

105

III 女性の就業と社会参加

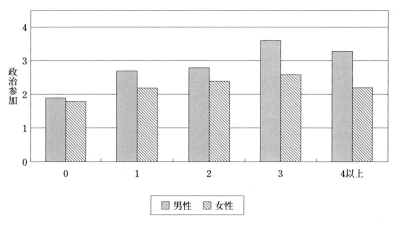

図6-4 子どもの数と政治参加

長子仮説を支持する内容で、子どもの数が増えると、政治的に活発になることをみてとれる。また、子どもの数が同じであれば、男性は女性よりも活動的である。ただし、1人でも子どもがいる女性は、子どものいない男性よりも活動的であることは指摘しておく。

社会的ネットワーク

記述的検討の最後に、社会的ネットワークについても考察しておきたい。社会的ネットワークが投票選択、政治参加に影響を与えることは近年盛んに研究されている（Huckfeldt 2001；Huckfeldt and Sprague 1995；Mutz 2002）。実際、人々はそもそも他者から依頼を受けて、あるいは他者と一緒だからこそ政治活動を行うことが多いように思われる。JGSS2003留置B票問28で聞いている政治活動のうち、男女で統計的有意差が無かった投票、署名、献金は個人が純粋に1人で行いうる行為であるが、他の行為はおおよそ1人で行えないものである。例えば、個人的目的のために1人で「議会や役所に請願や陳情」に行き、「選挙や政治に関する集会に出席」することがあるとは思えない。そこには身の回りの他者による協力の依頼・勧誘が契機になったものもあれば、職業・地域利益のために自然に取られた共同行動もあるだろう。いずれにしても具体

第6章　性別役割分業と政治参加

な他者との接触抜きに行われる政治活動が少ないことを考えると、社会的ネットワークは政治参加を促す触媒としての重要な役割を果たしている可能性が高い。ここでは、ネットワークの規模――すなわち回答者があげた人々の数――という極めて単純な変数と、政治参加との関係を検討する[3]。

　なお、ここではネットワークが形成される社会的場面――家族、仕事、それ以外――を分けた上で、政治参加との関係を考察する。JGSS2003の質問票の形式に忠実に従うと、①悩みの相談相手のネットワーク、②政治の話し相手のネットワーク、③仕事の話し相手のネットワークの3つのネットワークが存在することになる[4]。しかし、JGSS2003は、それぞれの相手との関係（間柄）を聞いている。従って、言及された他者との接点（家庭・親戚、仕事等々）の情報を利用することで、質問票の形式に従った3つのネットワークではなく、家庭を通じて形成されたネットワーク、仕事を通じて形成されたネットワーク、それ以外を通じて形成されたネットワークという分類が可能となる。

　家庭および仕事以外の場面で形成されるネットワークは、特に本人にとって意図的・自発的に形成される側面が強いと思われるが、それに比べると、職業・仕事を通じて形成されるネットワークには相手を選ぶ裁量の余地は少ないであろう。そして、職場を通じて形成されるネットワークこそ、そもそも無業者にはそのようなネットワークを形成する機会が存在しないがゆえに、職を持つ者と持たない者との差、さらには男女における就業率の差と職種の違いとを通じて、政治参加における男女差を拡大再生産する可能性がある。

　表6-3は、男性と女性それぞれについて、各種のネットワーク規模と政治参加指標との相関係数を示したものである。一見して明らかなのは「友人」や「同じ組織や団体の人」等をまとめた「その他」と政治参加との関係が、男女とも、「家族・親戚」や「仕事」と政治参加との関係よりも明瞭なことである。また男性の場合は「家族・親戚」と「職場」のネットワーク規模と政治参加との関係は相関係数を見る限り統計的には確認できない。男性の場合、因果関係の方向は問わないとして、政治参加と明瞭に関連するのは、親族や職場ではなく、それ以外の社会的文脈で形成されたネットワークであるようだ。

　それに対して、女性の場合3つの社会的場面で形成されたネットワークがそれぞれ政治参加と関係しているように思われる。相関係数の大きさは、親族＜

107

Ⅲ　女性の就業と社会参加

表6-3　ネットワーク規模と政治参加の相関係数

	男性			女性		
	相関係数	有意水準	n	相関係数	有意水準	n
親族ネットワーク	0.021	0.572	722	0.062	0.051	984
職場ネットワーク	0.059	0.111	722	0.104	0.001	984
その他のネットワーク	0.170	0.000	722	0.129	0.000	984

職場＜その他の順で大きくなる。その他のネットワークと政治参加との関係が他より大きいのは男性と同じだが、親族ネットワークの場合と比べても相関係数は約2倍であり、男性の場合と比較すると、それぞれのネットワークが一定の役割を果たしているように推察できる。

4　女性の就業は政治参加を促す

サンプル全体の回帰分析

　本章における分析の締めくくりとして、政治参加尺度を被説明変数とし、これまで検討した諸変数を説明変数とする重回帰分析を行う。説明変数は基本的に今まで検討してきたものであるが、質的変数は適当な基準を設定した後、全ての範疇をダミー変数としてある。従って、それぞれの変数の偏回帰係数の大きさは、基準変数を当該変数へと変化させることにより政治参加尺度に生ずる差を意味する。政治的関心は連続変数として扱う場合もあるが、厳密には順序変数に過ぎないことに鑑み、「たまに注意を払う」を基準にして、各回答をダミー変数として設定した。なお、連続変数についてだが、そのままの尺度で回帰分析に投入するのではなく、最小値を0、最大値を1とした尺度に変換して投入してある。これに該当するのは年齢、子ども数、労働時間、通勤時間、各ネットワークの規模である。そのまま分析に投入した方が各変数の解釈は容易であるが、ここでは他の変数との比較を重視したので、0-1区間の連続変数へと変換した。従って、各偏回帰係数の大きさは、当該変数が最小から最大まで変化した際に、政治参加尺度に生ずる違いを意味する[5]。最後に長子年齢であるが、記述的分析段階での結果に鑑み、子どもがいない人は子どもが0歳である場合と同様に設定し、18歳以上の長子年齢は18歳に再割当を行った。さ

第 6 章　性別役割分業と政治参加

らに長子年齢の影響が線形とも考えにくいので、ここでは長子年齢に 1 を加え
た数字の自然対数を取り、それを更に 0 - 1 区間に変換した。最後に政治参加
における性差を検討する以上、敢えて男女平等意識の変数を作成した。3 つの
回答の算術平均として作成し、それをやはり 0 - 1 区間に変換している[6]。

　出発点として標本全体で女性ダミー変数のみを用いた回帰分析を表 6 - 4 第
1 列に示した。女性は、男性よりも 5 年間に行う政治的活動の数が0.46少ない
ことが示されている。第 2 列には、性別に加えて、年齢・年齢自乗・教育程度
という基本的社会的属性変数を説明変数として投入した重回帰分析の結果を示
している。社会的属性変数を投入することでモデル全体の当てはまりは改善し
ている。女性ダミーの偏回帰変数の大きさ自体は小さくなっているが、統計的
に有意な変化ではない。第 3 列には、大きな影響を持っていることがわかって
いる政治的関心、統制変数としての男女平等意識、そして社会的ネットワーク
変数を追加した分析の結果が示してある。モデル全体の当てはまりは更に向上
し、かつ、第 2 列と比べると女性ダミー変数の偏回帰係数も0.105減少してい
る。政治的関心の影響は特に大きく、「たまに注意を払う」と「つねに注意を
払う」の差は、政治参加尺度における 1 以上の差、すなわち 5 年間で 1 種類の
政治的な行動を経験するか否かの違いを引き起こす。この他、政治的関心と社
会的ネットワークを分析に投入することで、単純な年齢変数の効果を統計的に
確認できなくなった。

　その社会的ネットワークの影響であるが、社会的ネットワークそのものが政
治参加を促進することは、同じデータ（JGSS2003）を使って安野（2005）が既
に確認している。本章の関心は、異なるネットワーク間の影響の差にある。各
ネットワーク規模は最小 0 、最大 4 であるものを、0 - 1 区間に変換している
ので、1 人あたりの影響力を知りたければ係数を 4 で割れば良い。さて、標本
全体で見る限り、影響力が最も大きいのは「その他」のネットワークであり、
偏回帰係数にして0.841である。「親族」（同0.404）、そして「仕事」（同0.479）の
ネットワークの影響は「その他」のほぼ半分である。

　この違いをどう考えるべきであろうか。無論、偏回帰係数の大きさがそのま
ま各種類のネットワークの影響の差であると考えることもできる。しかし、安
野の記述的分析を参考にすると、政治的会話の相手に分類されることが多いの

109

Ⅲ　女性の就業と社会参加

表6-4　政治参加尺度を従属変数とした回帰分析

	(1) 全体	(2) 全体	(3) 全体	(4) 全体	(5) 男性	(6) 女性
女性ダミー	−0.463 (0.090)**	−0.429 (0.088)**	−0.324 (0.089)**	−0.293 (0.097)**		
教育年数		0.887 (0.341)**	−0.188 (0.334)	0.233 (0.354)	−0.010 (0.549)	0.642 (0.477)
年齢		0.797 (0.216)**	0.626 (0.228)**	0.286 (0.277)	0.330 (0.505)	0.285 (0.336)
年齢自乗		2.058 (0.206)**	1.946 (0.199)**	1.321 (0.226)**	1.457 (0.386)**	1.283 (0.278)**
つねに注意 　基準は「たまに」			1.176 (0.124)**	1.129 (0.124)**	1.186 (0.200)**	1.020 (0.161)**
ときどき注意 　基準は「たまに」			0.520 (0.103)**	0.516 (0.102)**	0.525 (0.182)**	0.484 (0.121)**
ほとんどない 　基準は「たまに」			−0.239 (0.132)	−0.204 (0.132)	−0.294 (0.256)	−0.157 (0.150)
男女平等意識			0.104 (0.161)	0.132 (0.162)	0.053 (0.275)	0.160 (0.201)
親族ネットワーク			0.404 (0.148)**	0.350 (0.151)*	0.114 (0.262)	0.450 (0.182)*
仕事ネットワーク			0.479 (0.140)**	0.513 (0.156)**	0.613 (0.235)**	0.565 (0.212)**
その他のネットワーク			0.841 (0.130)**	0.799 (0.132)**	0.908 (0.231)**	0.677 (0.158)**
離婚・死別 　　基準は既婚				−0.359 (0.136)**	−0.333 (0.306)	−0.345 (0.148)*
未婚 　　基準は既婚				−0.305 (0.172)†	−0.149 (0.287)	−0.374 (0.218)
子ども数				0.639 (0.205)**	0.912 (0.353)*	0.503 (0.246)*
長子年齢（対数）				0.122 (0.104)	0.179 (0.177)	0.075 (0.128)
労働時間				−0.543 (0.369)	−0.578 (0.543)	−0.543 (0.492)
通勤時間				−1.076 (0.376)**	−1.262 (0.519)*	−0.397 (0.575)
持ち家ダミー				0.255 (0.112)*	0.362 (0.197)†	0.161 (0.134)
専門				−0.174 (0.185)	−0.010 (0.309)	−0.196 (0.229)
管理				−0.180 (0.395)	−0.077 (0.452)	

110

販売				0.356 (0.176)*	0.522 (0.290) †	0.189 (0.215)
熟練				−0.069 (0.181)	−0.054 (0.273)	0.001 (0.252)
半熟練				0.039 (0.183)	0.372 (0.291)	−0.241 (0.239)
非熟練				0.027 (0.221)	0.556 (0.388)	−0.285 (0.264)
農業				0.565 (0.261)*	0.929 (0.371)*	−0.149 (0.359)
無職・DK				−0.297 (0.389)	−0.387 (0.352)	0.348 (0.440)
正規雇用 　　　基準は無職				0.235 (0.374)		0.835 (0.417)*
パート 　　　基準は無職				−0.106 (0.370)		0.497 (0.408)
自営業 　　　基準は無職				0.062 (0.386)		0.963 (0.431)*
定数	2.756 −0.068 **	0.167 (0.305)	0.114 (0.315)	0.262 (0.530)	0.142 (0.652)	−0.718 (0.624)
標本規模	1706	1670	1659	1616	674	942
調整済決定係数	0.01	0.09	0.19	0.23	0.24	0.19

注：括弧内は標準誤差。
　　**は両側 1 ％水準で有意、*は両側 5 ％水準で有意、†は両側10％水準で有意。

は、配偶者と親・子、そして友人（ここでは「その他」に分類）であり、仕事関係の他者が政治的会話の相手と分類されることは少ない。また、政治について積極的に会話をする者は、政治的興味関心を持つ場合が多いように思われる。従って、何らかの心理的要因が、政治的な話の相手の数と政治活動の双方に影響を与えている可能性も否定できない。それに比べると、政治的会話へとつながることの少ない仕事関連の人間関係が政治参加に明瞭な影響を与えることは、発見といって良い。数値を解釈する際に過度に因果関係を読み込むことは危険であるが、職場における人間関係は、単純な動員を通じて、あるいは、特定の職業的関心の培養を通じて、人々の時間と労力とを政治活動へと媒介しているのではないかと思われる。

Ⅲ　女性の就業と社会参加

　次に、本章の主要関心である家族および就業状況の変数を投入した回帰分析の結果が第４列に示してある。基本的な傾向としては記述統計とグラフを用いた視覚的検討の結果を追認している。女性ダミー変数を見ると、第２列から第３列にかけての変化と比べると減少幅は小さい。女性は男性よりも政治参加尺度において平均して0.29低いことがわかる。政治参加における男女差の原因と思われる変数をできるだけ網羅したつもりであったが、それでも、女性であることの影響——その具体的な中身は何にせよ——が残った。つまり、ここにある変数だけでは、何故男と女に差があるのかを説明し切れてはいない。これ以外の変化として注意を払う価値があるのは、家庭と職業についての変数群を投入することで、単純な年齢変数の影響が半減し、かつ統計的に有意でなくなったこと、および年齢自乗の偏回帰係数の大きさが第３列から第４列で３分の２になったことである。年齢自乗の影響が残っていることから、全てを説明し切れているわけではないが、政治参加と年齢との関係が相当程度、家庭状況と仕事により説明できることを示す結果である。

　次に、家庭状況が政治参加に与える影響について確認したい。婚姻状況であるが、離死別者は有配偶者に比べて政治活動について消極的である。未婚者も係数の符号は負で、かつ両側10％水準で有意であり、既婚・有配偶であることが政治活動を促進することを確認できた。また、子どもの数も１％水準で統計的に有意である。本来は０－４区間であった変数を０－１区間に変換しているので、子ども１人あたりにつき、政治参加尺度にして0.16の影響があることになる。仮に他の条件を一定とすれば、独身の場合と、既婚で子どもが２人いる場合、政治参加尺度にして0.6の違いになる。この0.6を大きいと考えるか小さいと考えるかについて、明確な議論を展開する準備は私にはない。しかし、既婚・有配偶・子どもがいることが何故政治活動を促進するのかについては、一定の考えを述べる必要があろう。

　出発点として、一人暮らしを考えてみたい。一人暮らしは、様々な社会的しがらみや他者の視線から相対的に自由であることを意味する。社会的しがらみ、他者の視線といえば、あまり響きは良くないだろうが、それは別の表現を用いれば、様々な社会参加への経路、他者を気遣う眼差しでもある。その意味で、一人暮らしは地域を通じた他者との交流を最も効果的に遮断するように機能し

第 6 章　性別役割分業と政治参加

ているように思われる。無論、一人暮らしの人間には、彼・彼女なりの社会的つながりがある。しかし、それらのつながりが何らかの政治的活動の触媒となることは少ないのではないか。それに対して、結婚生活そして子育ては、様々な意味で個人の注意を他者に向けさせる。子どもの教育・安全に対する配慮は、教育政策や治安といった社会的問題に人々の注意を向けさせるであろう。子どものために周りの親と歩調を合わせた行動へと人々が乗り出すことも決して珍しいこととは思われない。

　また、仮に子どもがいないとしても、結婚それ自体によって、人々の行動には一定の変化が生ずるように思われる。配偶者と暮らすことは、恒常的な他者の視線の存在を意味するがゆえに、人々の行動を文化的に望ましいと思われる方向へと誘導するだろう。その意味で、様々な社会関係、その社会関係を通じた心理的関与、さらに政治的活動への経路を提供するという点において、結婚し家庭を持つことは、1人で暮らすこととは決定的に異なる意味を、人々に対して持つように思われる。

　次に、職業に関連する変数を検討しておきたい。まず労働時間であるが、符号は労働時間が多いほど政治参加に消極的になる方向を指しているとはいえ、統計的には有意ではない。興味深いのは、労働時間と比べると24時間に占める比率は小さい通勤時間の影響である。通勤時間（職住一致と無職は0）の偏回帰係数は−1.076であるが、これは分単位で0−150区間にあるものを0−1区間に変換したものである。従って、通勤時間30分の増加は、政治参加尺度において0.22の減少を意味する。何故、労働時間の増減が政治参加に与える影響が不明確であるのに対して、通勤時間の影響を確認できるのであろうか。これは通勤時間が労働以外の活動に利用できる時間を消費するからではないかと思われる。つまり、働かなくとも衣食住に困らない人々を除くと、多くの場合働くことは当然であり、人々は労働時間とそれ以外の時間とを明確に区別して考えているであろう。そして、労働以外の行為で多くの人々にとって最も些末な関心を寄せる対象でしかない政治活動が、通勤時間増加の影響を直接的な形で蒙っているのではないか[7]。

　では、職業の影響はどうだろうか。もし職業を通じて人々が政治活動へも転用できる資源──例えば法律・会計の知識、交渉能力、有益な人脈──を獲得

113

Ⅲ　女性の就業と社会参加

するという考え方が正しければ、専門職・管理職こそ政治的にもっとも活発で
あろう。一方、もし職業団体等を通じた組織化・明確な職業利益の存在が政治
活動への経路となるのであれば、政治的に活発なのは農業と小売業であろう。
この分析では無職以外で最大の区分になる事務職を基準にしてあるが、回帰分
析の結果をみると、販売と農業とが政治的に活動的であり、専門職と管理職は、
事務職と明瞭に区別できないことが分かる。この結果をみる限りでは、職業上
修得する技能よりも、職業利益が明確である、あるいは、職業団体が組織され
ていることが、政治参加を促進する重要な要因であることが窺える。なお、就
業形態そのものの影響は、標本全体を分析する限りは確認できない。

男女別の分析

　次に、標本を男女に分割して、同様の分析を試みる。記述的分析から、職業
や子どもの数が政治活動に対して持つ影響が、男性と女性とで異なることが予
期される。この場合、性別により影響が異なると想定される変数と性別ダミー
変数との交互作用変数を作り、回帰分析に投入するのが教科書的な手続であろ
う。しかし、ここでは標本を性別により分割し、男女別に回帰分析を試みる。
人々の生活において仕事と家庭における性別役割分業は密接に連動していると
考えられるがゆえに、特定変数のみを取り出して交互作用変数を作成するより
も、家庭や仕事が持つ意味はそもそも男女で異なると想定する方が適切に思わ
れるからである。

　なお、男女別の分析においては、回帰分析に投入される変数に若干の違いが
ある。女性ダミーを削除するのは当然として、男性の場合は、就業形態を分析
からはずしてある[8]。また、女性の場合は、SSM職業8分類で管理職に属す
る回答者がいないため、そこは空欄になっている。回帰分析の推定結果は、結
果は表6-4の第5列と第6列とにそれぞれ示してある。

　ここでは、顕著な男女差についてだけ触れておきたい。まず子どもの数の影
響であるが、男性と女性とでは係数の値がかなり異なる。子どもの数は、男性
の場合、女性の1.8倍影響力がある。長子仮説によれば子どもの成長に伴い、
人々は地域社会との関係を深め、徐々に様々な活動に乗り出すが、子どもの世
話それ自体が無くなるわけではない。憶測をたくましくすれば、男女の係数の

114

第 6 章　性別役割分業と政治参加

違いは、育児における負担の差に帰着すると論ずることもできよう（ただし両者の差は統計的には有意でない）。

　次に通勤時間であるが、興味深いことに通勤時間により影響を受けているのは男性のみである。これは、男性の場合通勤時間はまさに選択の余地がない時間の消費なのに対し、女性の場合は家事・育児等に影響を与えない通勤圏でしか働かないからではないかと思われる。

　最も興味深い男女差は職業と就業形態が政治参加に与える影響である。SSM職業 8 分類と政治参加との関連は男性のみにみられるものであり、女性の場合職業の種類が政治参加に影響を与えているとはいえない。これは職業利益仮説の文脈でいえば、男性のみが職業利益に敏感あるいは同業者団体に加入しているからではないかと思われる。別の角度から議論すれば、女性は同業者団体等には組織化されていない、あるいは自ら職業利益を積極的に考えるような就業上の地位にないのであろう。この想定が正しいならば、政治参加にとって重要なのは、専門能力・交渉能力などではなく、明確な――あるいは即物的な――職業利益の有無である。

　次に女性についてのみ検討する就業形態の影響であるが、正規雇用と自営業の偏回帰係数が統計的に有意である。極めて大雑把にいえば、無職の女性と比べ定職を持つ女性は経験する政治活動の種類が 1 つ増えるのである。これは極めて興味深い結果であるが、その理由をここで検証することはできない。ただし、定職を持つことで職業に応じた明確な長期的利害の認識を持ち、自分の利益が何かを考え行動するようになる場合（職業利益仮説）と、定職であるがゆえに責任ある地位を任され仕事を通じて様々なことを学習する（技能形成仮説）という、2 つの想定が可能であるように思われる。いずれにしても、女性の場合、仕事と政治参加との関係を考える際に、職業類型よりも就業形態の方が重要であることには変わりがない。

考察

　以上、仕事と家庭が政治参加に対して与える影響について考察した。結果を端的に述べると、従前看過されてきた仕事と家庭の影響を確認できたという点では、本章の目的は達成された。職業の影響については、男性の場合SSM職

115

Ⅲ　女性の就業と社会参加

業8分類が一定の妥当性を持ち、部分的であるが職業利益仮説を立証できたように思われる。しかし、女性の場合はSSM職業8分類と政治参加との関係が不明瞭である一方、就業形態が明確な影響を持っていた。本章において就業形態——正規雇用と自営——が女性の政治的判断や活動においていかなる意味を持つのかについて理由づけを試みたが、それは堅固なものとはいえない。雇用・職業が政治参加に与える影響の理由を理論的に明確にして、理論的に妥当かつ男女共通の変数を作ることにより、男女の間に存在する政治参加の差をより適切に説明することができるのではないかと現段階では考えている。家庭の影響についても、婚姻と子どもが政治参加に影響を与えることを確認した。家庭を持つことは時間的には大きな制約であるが、家庭があるからこそ人々は政治との関わり合いを持つという側面を明らかにできた。さらに、年齢が政治参加に与える影響の一部は、年齢とともに変化する職業・家庭に関連する要因により生じていることも明瞭になった。

　その一方、より大きな目的であった、政治参加における男女差の解明については、回帰分析の結果（統計的に有意な女性ダミー変数）から明らかなように、十分な結果を得ることができなかった。家庭と職業とを分析に組み込むことで回帰モデルのデータに対する当てはまり自体は改善したが、女性ダミー変数の影響自体を消滅させることは出来ていない。従って、政治参加における性差の原因についてはさらなる分析が必要である。

　考えられる研究方向の1つは、回避仮説に沿って、政治的関心以外の経路で女性を自発的に政治から遠ざける心理的な力学を考察することである。具体的には、政治的有効性感覚があげられよう。教育や文化的な要因のみならず、社会生活上の実感からも、女性は自らの政治に対して働きかける能力に疑義をいだいているかもしれない。政治的有効性感覚の男女差と、それが政治参加に与える影響を検討することで残された男女差の一部を明らかにできる可能性がある。

　もう1つの可能性は、抑制仮説に沿って女性の政治活動の阻害要因をさらに探求することである。本章では残念ながら家庭内の家事・育児についての性別役割分業と政治参加との関係を検討することができなかったが、家事分担における男女差が、政治活動における男女差へとつながっている可能性は否定でき

第 6 章　性別役割分業と政治参加

ない。とりわけ、男女共同参画社会の実現が重要な課題とされている今日の状況を考えるならば、男女の家庭に対する関わり合い方がいかに男女の政治・社会に対する関わり合い方と関連しているかを明らかにすることは、政策的にも極めて重要であるように思われる。

謝辞

　〔二次分析〕に当たり、東京大学社会科学研究所附属日本社会研究情報センターSSJデータアーカイブから「日本版General Social Surveys（JGSS－2003）」（大阪商業大学比較地域研究所、東京大学社会科学研究所）の個票データの提供を受けた。日本版General Social Surveys（JGSS）は、大阪商業大学比較地域研究所が、文部科学省から学術フロンティア推進拠点としての指定を受けて（1999－2003年度）、東京大学社会科学研究所と共同で実施している研究プロジェクトである（研究代表：谷岡一郎・仁田道夫、代表幹事：佐藤博樹・岩井紀子、事務局長：大澤美苗）。東京大学社会科学研究所附属日本社会研究情報センターSSJデータアーカイブがデータの作成に協力している。

　なおSSM職業 8 分類をはじめ職業・教育程度等に関連する変数の作成にあたっては石田浩先生（東京大学社会科学研究所教授）と西村幸満先生（国立社会保障・人口問題研究所室長）から御助言を給わった。また2005年度二次分析研究会の参加者からは、家族社会学に不案内な筆者に対して、仕事と家族が果たす役割について様々な観点からご教示頂いたことも合わせて記しておきたい。ただし本論文中に存在するいかなる瑕疵も筆者の責任に属する。

注

1 ）以下のURLを参照。 http://www.akaruisenkyo.or.jp/various/02/index.html　2006年 6 月現在。

2 ）視覚的検討においては、グラフの尺度等、如何にグラフが作られたかが相当判断を左右する（ハフ 1968）。変数により、範囲や分類の数に違いがあるので、グラフの体裁を完全に統一することはできないが、本章においてはつねに政治参加尺度を縦軸に取り、最小値 0 、最大値4.5、目盛りは 1 単位毎にした。

3 ）JGSS2003のネットワーク・データの詳細な分析については中尾（2005）と安野（2005）を参照されたい。

4 ）安野（2005）は、職業を持たない人は欠損値扱いとなる③を除いた、①と②のネットワークが政治参加に与える影響を分析している。

5 ）次に年齢の自乗であるが、ここでは単純な年齢変数との多重共線性を防ぐために、まず各回答者の年齢から平均年齢を引き、その差を自乗した上でマイ

117

Ⅲ　女性の就業と社会参加

　　ナス 1 をかけ、そして 0 － 1 区間の連続変数へと変換してある。年齢と政治
　　参加との関係が、凸関数になるのはよく知られた事実であるが（例えば、蒲
　　島 1988）、マイナス 1 をかけるのは、そうしなければ凹関数になり、回帰係
　　数の符号が負になり直観に反するからである。0 － 1 区間に変換したのは、
　　他の変数との比較目的にすぎない。

6 ）　3 つの質問とは、「夫に充分な収入がある場合には、妻は仕事をもたない方が
　　よい」、「夫は外で働き、妻は家庭を守るべきだ」、「母親が仕事をもつと、小
　　学校へあがる前の子どもによくない影響を与える」であり、それぞれ「賛成」
　　「どちらかと言えば賛成」「どちらかと言えば反対」「反対」から選択すること
　　になっている。男女平等を肯定する態度に大きい数字を、性別役割分業を肯
　　定する回答に小さい数字を割り振った。

7 ）　この通勤時間と政治参加との関係は、JGSSにある都市規模変数を投入しても、
　　影響を受けない。都市規模変数は統計的に有意な影響を持たず、かつ、係数
　　の値も小さかったので分析から除外してある。

8 ）　職業 8 分類と就業形態を同時に投入すると、正規雇用・パート・自営の 3 範
　　疇が全て無職よりも政治活動量を下げ、しかも全て統計的に有意となる。こ
　　の結果は著しく直観に反するが、男性の場合SSM職業 8 分類で 8 つの範疇に
　　分類される人々の多くが正規雇用かあるいは自営であることから生ずる結果
　　かと思われる。なお、就業形態投入の有無は他の変数の偏回帰係数に顕著な
　　変化を引き起こさない。

第7章

夫婦の働き方戦略
——戦略の自由度、性別役割分業戦略、共働戦略——

松田茂樹

1　働き方戦略からみた性別役割分業

戦略としての働き方

　本章では、戦略の自由度の理論枠組みから、夫婦の働き方を戦略として捉える視点を提示し、この点から個人の性別役割分業をめぐる意識と実態の一致／不一致の状況とそれが生じる背景要因を示す。個人の意識と実際の行動は密接に関連するものだが、様々な制約の中で、個人が持つ性別役割分業観とその個人がつくる夫婦の役割分担は必ずしも一致するとは限らない。この意識と実態の一致／不一致がどの程度生じているか、またその状況が性差やライフステージ、社会階層等によってどのように異なるかという点を示す。

　性別役割分業の研究には、意識、実態、意識と実態の一致／不一致の3つの次元がある。家族社会学、労働経済学、ジェンダーやフェミニズム的視点に立つ主な実証研究では、性別役割分業に対する意識、すなわち性別役割分業意識が保守的か革新的かという問題、または女性の就業状況や夫婦の家事分担の実態が分析対象とされてきた[1]。しかしながら、夫婦の働き方を戦略として捉え、それと戦略の自由度との関連をみる本章の理論的立場からは、意識あるいは実態単体ではなく、両者の乖離こそが問題として捉えられる。

　戦略の自由度の理論枠組み（松田 2004a）からは、この問題は次のように捉えることができる。まず、「働き方戦略」と「戦略の自由度」を次のように考える。個人の働き方戦略とは、仕事と家庭（子育て、家事）へのコミットメントを配分することで、本人を含めた家族全体の豊かさや幸福を高める方策である。戦略の自由度とは、この働き方戦略においてとりうる価値ある選択肢の数

のことである。戦略の自由度が高いほど、価値ある選択肢の中から、自分や家族の状況に応じた最適な戦略をとることが可能になる。

各個人と各家庭が置かれている状況は、家計、就業状況、健康状態、価値観、子育て環境等のいずれの面をとっても極めて多様である。このため、働き方戦略には、全員に当てはまる唯一の解はなく、各個人と各家庭の状況と目的に合わせた多様な解が存在する。このとき、本人および家族の状態を最もよく知る立場にある者はその当事者である。したがって、本人およびその家族成員が希望する戦略を実現することが、個々人および個々の家族全体の豊かさや幸福の向上につながる。

性別役割分業戦略対共働戦略

夫婦において行う仕事と家事・育児の役割分担は働き方戦略の1つであり、具体的な戦略として性別役割分業戦略と共働戦略がある。各戦略には主として以下にあげるようなメリットとデメリットがあることが理論的に想定される。

性別役割分業戦略は、夫婦の一方が仕事、他方が家事・育児と役割分担するものである。この戦略のメリットは、夫婦がそれぞれ得意とする分野に専門的に従事することにより、夫婦全体の生産性が高まる点にある。家庭を効率的に運営するためには夫婦に分業は生まれるものであり、その際に役割遂行の効率性において夫婦間に比較優位がある場合、一方が就業に、他方が家事・育児に専念する性別役割分業の戦略は、家庭運営の生産性を最大化することにつながる（Parsons & Bales 1956；Becker 1981）。現実社会においては、夫が仕事を、妻が家事・育児を担うように分業することが多い。ただし、理論的には、比較優位にもとづく分業であれば、そのように分担しても、逆の分担をしても、家庭運営の生産性は同様に高くなる。また、子どもの教育についてみると、性別役割分業は、夫婦の一方が子どもの教育や生活に対して専従で手厚いケアすることを可能にするため、共働きよりも子どもの教育達成に有利であるという面もある（平尾 2004）。

ただし、性別役割分業戦略には次のようなデメリットもある。まず、収入を得る役割を夫婦の一方のみが担うため、それに関わるリスクは分散化できない（松田 2003）。すなわち、現在夫が仕事役割を担うことが多いが、その夫が失

業したり、死亡した場合には、家庭全体の収入源がたたれるというリスクがある。また、この戦略の場合、夫婦の一方は家事・育児に専従するため、夫婦がともに職業的なキャリア形成とそれを通じての自己実現を図ることはできない。

　一方、共働戦略は、夫婦が共に仕事、家事をするものである。この戦略のメリットは、夫と妻の役割が重複することからもたらされる。具体的には、共働きであることにより先述した失業や死亡のリスクをヘッジできるため、雇用が流動化し、不安定な時代においては、収入源を分散することは家族の経済的基盤を安全にする（松田 2003）。また、夫婦双方がキャリアを築くことを可能にする。さらに、家事・育児遂行も共同で行うために、子育てなどにおけるリスク対処力も高い。

　ただし、この戦略には、次のようなデメリットもある。性別役割分業戦略の利点の裏返しであるが、共働戦略では夫婦が共に仕事と家事・育児に時間を割くため、夫婦がそれぞれの比較優位がある役割に特化することによってもたらされる高い生産性を得ることは難しい。例えば、家事・育児を担う夫や妻の場合、残業や出張が制限されたり、子どもが病気等の際に仕事を休むことなどから、仕事において十分にパフォーマンスを発揮することは難しくなる。子育てについてみると、仕事役割を担う夫や妻は、子どもの世話や教育を四六時中サポートすることはできない。また、共働きの場合、現実的には夫婦における家事・育児分担は均等にはならず、いずれか一方が家事・育児の多くを引き受ける——多くの場合は妻が多くを担う——ことが多い。家庭外における仕事（ファースト・シフト）と帰宅してから行う家事・育児（セカンド・シフト）の両方を引き受ける者には、二重負担がかかることになる（Hochschild 1989）。

戦略の実現と家族の豊かさや幸福の関係

　性別役割分業戦略と共働戦略には、先述のように、それぞれメリットとデメリットがあるため、何をよしとみるかによって各戦略に対する評価は異なる。個々の夫婦の家族構成、教育的背景、社会経済的階層等は多様であり、かつ彼らを取り巻く地域社会や地域の労働市場等の家庭外の環境も多様である。これを反映して個々の夫婦が重視することも様々であり、家庭運営の生産性を重視する夫婦もいれば、夫婦両方のキャリア形成を重視する夫婦や子どもの教育を

Ⅲ　女性の就業と社会参加

重視する夫婦もいるというように状況は極めて多様である。このため、個人および家族の豊かさや幸福の向上のために、全ての夫婦において性別役割分業戦略と共働戦略のいずれか一方が一律に良い戦略にはならない。例えば、雇用不安に対処して家族の経済的基盤を安定させることを重視する夫婦に性別役割分業戦略をとらせることは彼らが重視する経済的基盤の課題は解決されず、家庭運営の生産性を重視する夫婦や子どもの教育支援のために夫婦のいずれかが専従して教育支援を行うことを重視する夫婦に共働戦略をとらせることもまた彼らが重視する課題の解決にならない。

　夫婦の働き方戦略において重要なことは、その夫婦において対処が必要な課題の解決につながる戦略がとられることである。このとき、何が対処必要な課題であるかは個々の夫婦によって異なり、それを最も知りうる立場にあるのは当事者夫婦である。したがって、個々の夫婦によって異なる対処が必要な課題の解決のためには、その夫婦が自らの家庭において重要と考える課題に対処するにふさわしい戦略を採用することが、この働き方戦略から最大のメリットを享受することにつながる。そのために大切なことは、個々の夫婦の戦略の自由度を高い状態にし、その夫婦が自らに合った戦略を実現できるようにすることである。

　性別役割分業戦略と共働戦略があるとき、夫婦が重視する戦略を採用することが、その夫婦の豊かさや幸福の向上につながる。先にあげた例のように、雇用不安に対処して家族の経済的基盤を安定させることを重視する夫婦がいる場合、彼らが共働戦略を採用することが、その夫婦が重視する課題の解決につながり、その夫婦を幸福にする。また、子どもの教育支援のために夫婦のいずれかが専従して教育支援を行うことを重視する夫婦の場合は、性別役割分業戦略を採用することが、その夫婦が重視する課題の解決につながり、その夫婦を幸福にする。性別役割分業戦略であれ共働戦略であれ、自らが得意とすることに注力することは、その個人が最も力を発揮する機会を与えることにもなる。

　夫婦の働き方戦略は、一生固定的なものとは限らない。子どもが小さいうちは性別役割分業戦略をとり、子どもがある程度大きくなってからは別の戦略をとることを望む夫婦もいる。無論、「戦局」に応じて、この働き方戦略においては、夫と妻の立場が変わることもありうる。ライフステージや戦局に応じて、

第7章　夫婦の働き方戦略

柔軟に戦略を変更できることが、その夫婦の豊かさや幸福を最大にすることにつながる。

　こうした理論的立場は、個人の選択の自由と多様性を重視し、これを尊重するものである。個人には、自らの性別役割分業観をもつ自由があり、自らの働き方戦略を決定する自由がある。

　このように夫婦の働き方を戦略として捉え、その夫婦が望む戦略を実現することが豊かさや幸福を高めることを直接実証する分析はなされていないが、これを傍証する経験的証拠としては、妻の就業に対する希望と実際の妻の就業状態の一致が夫婦双方の心理的状態を良好にすることを実証した米国におけるMirowsky and Ross（1987）の研究がある。本書の第4章でも、わが国の男性では、性別役割分業意識と実態が一致する場合に心理的状態が良好になるという結果が得られている。また、心理学の認知的不協和の理論（Festinger 1957）からも、意識と実態の不一致は認知的不協和をもたらし個人のwell-beingを低下させることが示される。

　視点を変えて夫婦の働き方戦略を社会全体の視点からみた場合、各夫婦が重視する戦略をとることは、それら夫婦において対処必要な課題を解決して個々の夫婦の豊かさや幸福を高めるのみならず、社会全体からみれば、個々の夫婦がかかえる多様で微細な問題の解決や、その夫婦が最も力を発揮する機会につながる。このため、個々の夫婦に合った働き方戦略がとられることは、社会全体にとっても利益になるものである。

2　性別役割分業意識と夫婦の働き方の関係

意識と実態の不一致の問題

　個人と家庭の豊かさや幸福の向上のためには、当事者の考える夫婦の働き方戦略が実現されることが望ましい。言い換えれば、これは、どのような働き方戦略が望ましいとする意識と実際にとられた働き方戦略が一致する状態である。しかしながら、現実の社会では、労働市場やそれ以外の家庭をとりまく環境等の制約から、必ずしも夫婦の働き方戦略に対する意識と実態は一致しない。本理論の立場からは、働き方戦略に対する意識または実態ではなく、働き方戦略

Ⅲ　女性の就業と社会参加

に対する意識と実態の不一致こそが問題になる。夫婦がどのような意識をもち、どのような働き方戦略をとることは、その夫婦の自由と裁量の範疇にある。しかしながら、働き方戦略に対する意識と実態の不一致が、労働市場やそれ以外の家庭をとりまく社会的要因によって生じることは、個人およびその家庭の福祉の低下につながる問題であり、社会的な対処が必要になる。

　具体的に性別役割分業についてみると、個人の性別役割分業意識が伝統的か革新的かあるいは夫婦の役割分担が性別役割分業的か共働的かということは問題ではなく、性別役割分業を希望しながらそれが実現できない状態と性別役割分業でない状態を希望しながらそれを実現できない状態が共に問題になる。このため、この理論的立場からは、この戦略の一致／不一致が、どのような要因によって生じているかということが解明すべき課題として位置づけられる。

　ここで問題になるのが、戦略の自由度である。戦略の自由度が高い者ほど、自分と家庭の状況に応じた最適な戦略をとる、すなわち働き方戦略の意識と実態を一致させることが可能になり、逆に自由度が低い者はそれが困難になる。戦略の自由度を左右する主な要因には、松田（2004a）が分析した社会階層のほかに、性差、ライフステージ等が考えられる。そして、戦略の一致を阻む社会的要因を取り除くことが、この立場から導かれる重要な政策課題になる。

　個人の性別役割分業意識と雇用環境の両者が大きく変化している今日、性別役割分業をめぐる意識と実態の不一致は拡大しているとみられる。例えば、女性の高学歴化が進み就業を希望する妻は増えつつあるが、就業環境が女性に開かれたものでないために、それを実現できない者がいる。またバブル崩壊以後、景気低迷に伴う夫の雇用不安や賃金低下が生じた。夫の恒常的な所得の低下は、妻の労働力率を高める要因となっている（樋口 2000）。このため、性別役割分業戦略を望んでいても、夫の賃金低下等により、それを実現できない層が拡大していることも考えられる。こうした社会的変化の中で、働き方戦略の一致／不一致が、階層、家族類型、ジェンダー等の要因によって偏在的に生じている現状を解明することは、今日の時代状況を理解することにつながる。

性別役割分業の意識と実態

　個人の性別役割分業の意識と実態の関係の概念図が図 7 - 1 である。横軸が

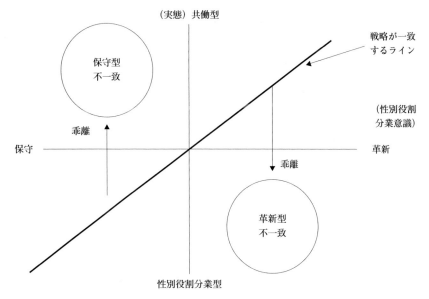

図7-1　夫婦の性別役割分業の意識と実態の関係

意識で、性別役割分業を支持する保守と性別役割分業を支持しない革新とに分けられる。縦軸は実態で、性別役割分業型と共働型がある。性別役割分業の意識や実態は性別役割分業的か否かという2値ではなく、保守と革新を両端として連続的に変化するものであると想定されるため、この戦略に対する意識と実態が一致する状態は、右上がりの45度線上に位置することになる。この戦略の一致ラインからの乖離が、戦略の不一致の状態になり、問題となる。

不一致のパターンには、性別役割分業意識が保守的か革新的かによって、大きく2つの型に分類できる。1つは、性別役割分業意識が革新的であるのに、実態は性別役割分業型である不一致である。これを「革新型不一致」とする。もう1つは、性別役割分業意識が保守的であるのに、実態は共働型である場合であり、これを「保守型不一致」とする。

先行研究から、働き方戦略の意識と実態の不一致を生み出す要因としては、次の仮説が考えられる。第1は、社会階層である。社会階層というと通常職業的地位を指すが、学歴は職業的地位と密接に関連していることをふまえて、こ

こでは学歴と職業的地位の両者を取り上げる。学歴についてみると、学歴が高い者の方が性別役割分業意識は革新的であり、学歴が低い者ほど保守的であるといわれる（原・肥和野 1990；吉川 1998）。したがって、不一致が生じる場合、学歴が高い者ほど革新型不一致が、学歴が低い者ほど保守型不一致が多くなるとみられる。また、夫の職業的地位について、吉川（1998）は「夫の職業的地位が高いほど、妻に専業主婦であることや高い家事労働負担を期待し、階層的地位が低ければ生産労働を期待する」（同上書:56）という仮説を提示する。このため、夫の職業的地位が高い場合には保守型不一致が、低い場合には革新型不一致が増えると考えられる。以上から、社会階層に関して後掲する仮説1a、1bが抽出される。

第2の要因はライフステージである。夫婦の家事時間の研究によると、幼い子どもの存在は遂行しなければならない家事・育児の量を増やすと考えられている（Tsuya and Bumpass 2004）。実証分析では、幼い子どもがいる場合、夫婦、特に妻の家事・育児時間は長くなる（松田 2004b；永井 2004）。遂行しなければならない家事・育児の量が多い育児期の者は夫婦共働きが困難になる可能性が高くなる。このため、家事・育児の量が多いライフステージでは、革新的な意識を持つ者でも、実態として性別役割分業となる者が多くなるため、革新型不一致の割合が高まると考えられる（仮説2）。

第3の要因は親の同居である。女性の就業についてみると、親との同居は有配偶女性の就業率を高める効果がある（張ほか 2001）。親の同居が女性の就業を容易にすることは、厚生労働省の21世紀出生児縦断調査からもうかがえる。出産後も継続して就業している女性の場合、その母親が日中に子どもをみていることが多い（厚生労働省 2004）。これらの点をふまえると、親と別居の者では、性別役割分業意識が革新的であっても共働型になることができない者が多くなることが考えられる（仮説3）。

第4は性差である。性別役割分業意識は、女性の方が男性よりも革新的である（内閣府 2004）。これに対して共働型の夫婦はいまだ少数派である（松田 2003）ことをふまえると、男性よりも女性の方が、意識は革新的であるが、実態は性別役割分業型である革新型不一致が多くなると考えられる。また、わが国では戦略の自由度は、男性よりも女性の方が低いとみられる（松田 2004a）。

第 7 章　夫婦の働き方戦略

このため、仮説 1 - 3 で示した各要因と戦略の不一致の関係は、男性よりも女性の方が強いと考えられる。この点から、仮説 4 a、4 b が抽出される。

以上にあげた仮説を整理すると以下のようになる。

仮説 1 a　学歴が高い者ほど革新型不一致が、学歴が低い者ほど保守型不一致が多くなる。

仮説 1 b　夫の職業的地位が高い場合には保守型不一致が、低い場合には革新型不一致が増える。

仮説 2　育児期の者は、それ以外のライフステージの者よりも、革新型不一致が多くなる。

仮説 3　親と同居している者に比べて、していない者は、革新型不一致が多くなる。

仮説 4 a　男性よりも女性の方が、革新型不一致が多くなる。

仮説 4 b　仮説 1 - 3 の効果は、男性よりも女性において強い。

3　夫婦の働き方戦略を決める要因

分析に使用したサンプルと変数

以上にあげた仮説の検証を行う。分析に使用したのは、第一生命経済研究所が2001年に実施した「今後の生活に関するアンケート」の個票データのうち、有配偶男女で、夫が60歳未満でフルタイムであり、かつ妻が自営業以外の者948人のサンプルである[2]。

被説明変数は、①性別役割分業意識（性別役割分業に賛成するか否かの 2 値変数）[3]、②妻の就業形態（フルタイム、パート、専業主婦）、③性別役割分業意識と実態の一致／不一致の 3 つである。このうち意識と実態の一致／不一致は、性別役割分業意識と妻の就業形態の対応関係をもとに作成した「一致型」「革新型不一致」「保守型不一致」の 3 カテゴリーの変数である。この変数の作成方法は第 4 章で用いられた変数と同様であり、具体的な作成方法は同章参照。一致型、革新型不一致、保守型不一致の割合は、使用したサンプル全体ではそれぞれ55.1％、21.3％、23.6％である。性別役割分業の意識と実態が一致する

127

Ⅲ　女性の就業と社会参加

のは約１／２であり、約１／４が革新型不一致、約１／４が保守型不一致である。夫は仕事、妻は家庭という１つの質問項目の性別役割分業意識とフルタイム、パート、専業主婦という妻の就業形態の区分の組み合わせによって働き方戦略に対する意識と実態の一致度を測定する方法には、戦略に対する意識と実態の一致を厳密に捉えていないという制約がある。しかしながら、性別役割分業意識をもちながら共働型であるあるいは性別役割分業に否定的でありながら性別役割分業型であるというように意識と実態が大きく異なる者は、戦略に対する意識と実態の乖離が大きい者であると捉えることは可能であり、どのような要因によってこの乖離が大きいかという傾向を把握することは可能である。

　説明変数としては、性別、ライフステージ（新婚・末子未就学児、末子小・中学生、末子高校・大学生、学生)４）、本人学歴（高校卒、短大・高専卒、大卒）、夫の職種（専門・技術・管理、事務、技能・労務）、親との同別居を使用した。

性別役割分業意識

　ライフステージ、本人学歴、夫の職種、親との同別居別に、性別役割分業に賛成する割合を分析した結果が表７‐１の左列である。表中の数値は、性別役割分業意識を被説明変数、各種属性を説明変数としたロジット分析を行い、その結果をもとに各カテゴリーにおける性別役割分業に賛成する者の割合を推計した値である。ある説明変数Xにおけるこの割合は、他の説明変数が分析に使用した基準カテゴリー（表中の※印、ライフステージ＝末子小・中学生、学歴＝高卒、夫職種＝事務、親同別居＝別居）である場合の値である。すなわち、表中の数値はある説明変数Xのみの影響によって賛成割合が変化する程度を示したものであるため、クロス集計と異なり、各変数固有の影響をあらわしている。

　分析の結果、次の知見が得られた。まず、ライフステージ、本人学歴、夫の職種、親との同別居別のいずれをみても、女性よりも男性の方が性別役割分業に賛成する割合が高い。

　また、ライフステージが性別役割分業意識に与える影響は男女で異なり、男性の性別役割分業意識はライフステージがあがるほど高まるのに対して、女性の意識はそれほど大きく変化しない（ライフステージによる有意差は、男性ではあるが、女性ではない）。この結果、ライフステージがあがるほど男女の意識差

第7章　夫婦の働き方戦略

表7-1　ライフステージ、学歴、夫職種、親同別居別にみた
　　　　性別役割分業に賛成する割合と妻の就業形態の割合

		性別役割分業賛成		妻の就労形態					
				男性			女性		
		男性	女性	フルタイム	パート	専業主婦	フルタイム	パート	専業主婦
ライフステージ	新婚・末子未就学児	50.7%	31.9%	21.2%	20.3%	58.5%	14.9%	17.5%	67.6%
	末子小・中学生※	67.5%	32.5%	17.7%	52.6%	29.6%	17.7%	46.9%	35.3%
	末子高校・大学生	68.9%	35.2%	25.3%	46.9%	27.8%	12.7%	41.2%	46.1%
	学生の子どもなし	68.0%	39.3%	20.6%	28.4%	51.0%	23.6%	41.8%	34.6%
学歴	大卒	69.1%	34.9%	23.1%	36.3%	40.6%	40.5%	22.2%	37.4%
	短大・高専卒	42.2%	39.2%	23.6%	53.6%	22.9%	20.4%	29.8%	49.8%
	高卒※	67.5%	32.5%	17.7%	52.6%	29.6%	17.7%	46.9%	35.3%
夫職種	専門・技術・管理	53.5%	35.1%	21.8%	45.4%	32.9%	15.1%	40.2%	44.7%
	事務※	67.5%	32.5%	19.2%	38.0%	42.8%	16.5%	34.1%	49.5%
	技能・労務	54.9%	35.4%	22.4%	50.8%	26.8%	16.8%	45.4%	37.8%
親同別居	同居	69.8%	31.9%	30.5%	35.6%	33.9%	41.0%	28.2%	30.8%
	別居※	67.5%	32.5%	19.0%	40.4%	40.6%	16.6%	35.4%	48.0%

注：性別役割分業意識賛成は二項ロジット、妻の就業形態は多項ロジットの結果をもとに、各カテゴリーにおける該当者の割合を推定した結果。推計に際しては、他の変数の※のカテゴリーに該当する者における、当該変数の推計結果。例えば、ライフステージの推計は、高卒、夫事務職、親別居の場合にライフステージの違いにより生じる結果である。

は広がる。

　学歴と職種についてみると、高学歴であるほど、高階層であるほど、性別役割分業意識が革新的であるという傾向はみられない。親同別居による意識の差もほとんどない。

妻の就業形態

　次に、妻の就業形態を被説明変数とした多項ロジット分析を行い、性別役割分業意識の推計と同様の方法で、各属性別にみた妻の就業形態の割合を示した結果が表7-1の右列である。理論的には、本人の学歴を除き、それ以外の変数間の関係は、男性サンプルと女性サンプルで同等になるが、サンプリング調査であるため実際の分析結果は男女で若干異なっている。

　ライフステージについてみると、新婚・末子未就学児よりも、それ以降のライフステージの方が、専業主婦よりもフルタイムまたはパートになることが多い。この傾向は、男女ともほぼ同等にみられるが、学生の子どもがいない場合、女性ではフルタイムまたはパートが多くなるのに対して、男性ではそのような

129

Ⅲ　女性の就業と社会参加

傾向はみられない。

　本人の学歴についてみると、男性では高卒に比べて大卒の方が、妻が専業主婦よりもパートになることが少ない。学歴による賃金格差をふまえると、この背景には、夫の学歴が低く収入が低い家庭においては、家計を支えるために妻が就業することが多くなっていることがうかがえる。ただし、夫が高卒の場合、妻は働いてもパートが多い。一方、女性の学歴についてみると、大卒ではフルタイム、短大・高専卒では専業主婦、高卒ではパートであることが多い。

　夫の職種による妻の就業形態の違いは総じてみられない。

　親同別居についてみると、既存調査同様、親と同居していると、専業主婦よりもフルタイムになる傾向が高い。

働き方戦略が一致する者としない者

　続いて、本章が問題とする性別役割分業の意識と実態の一致を被説明変数とした多項ロジット分析を行い、表7‐1と同様の方法で、各属性別にみた一致型、革新型不一致、保守型不一致の割合を示した結果が表7‐2である。

　これに先立ち、性別役割分業の意識と実態が一致するか否かという2値変数を被説明変数とした2項ロジット分析を行ったが、女性の場合は末子小・中学生のライフステージで働き方戦略が一致する割合が高く、その前後のライフステージでは相対的に低くなっていたものの、それ以外で性、ライフステージ、学歴、夫の職種、親との同別居のいずれの変数についても働き方戦略の一致／不一致を規定する有意な影響はみられなかった（表割愛）。すなわち、これらの属性にかかわらず意識と実態の一致状況はおおむね均一であった。

　しかし、不一致の状態が革新型か保守型かという点を問題にした場合、性別役割分業の意識と実態の関係は各種属性によって大きく異なる。新婚・末子未就学児と比べてそれ以降のライフステージでは、意識が保守的であるが妻が就業しているという保守型不一致が多くなり、意識が革新的であるが専業主婦であるという革新型不一致が少なくなる。逆にいえば、新婚・末子未就学児のうちは革新型不一致が多いといえる。男女を比較すると男性は保守型不一致が多く、女性は革新型不一致が多い。しかしながら、ライフステージによる革新型不一致と保守型不一致の差異のパターンについては、男女間で統計的な有意差

第7章　夫婦の働き方戦略

表7-2　ライフステージ、学歴、夫職種、親同別居別にみた
　　　　性別役割分業に賛成する割合と妻の就業形態の割合

		男性			女性		
		一致	革新型不一致	保守型不一致	一致	革新型不一致	保守型不一致
ライフステージ	新婚・末子未就学児	60.5%	20.5%	19.0%	50.1%	42.0%	7.9%
	末子小・中学生※	54.8%	6.5%	38.6%	65.7%	18.3%	16.0%
	末子高校・大学生	64.7%	1.7%	33.6%	51.6%	30.8%	17.6%
	学生の子どもなし	64.7%	9.8%	25.8%	60.4%	16.7%	22.8%
学歴	大卒	52.4%	9.6%	38.1%	65.5%	17.4%	17.2%
	短大・高専卒	62.2%	11.5%	26.3%	69.6%	18.7%	11.6%
	高卒※	54.8%	6.5%	38.6%	65.7%	18.2%	16.0%
夫職種	専門・技術・管理	48.4%	10.7%	41.0%	64.3%	16.8%	18.9%
	事務※	54.8%	6.5%	38.6%	65.7%	18.2%	16.0%
	技能・労務	52.4%	7.6%	40.0%	62.7%	15.1%	22.3%
親同別居	同居	49.3%	6.5%	44.1%	67.1%	11.3%	21.6%
	別居※	54.8%	6.5%	38.6%	65.7%	18.2%	16.0%

注：表1と同じ。

はなく、相似している。保守型不一致は男性に多いが、女性でも末子小・中学
生以降のライフステージでは、革新型不一致と同程度の割合を占める。

　学歴についてみると、高学歴になるほど一致型が増えるあるいは減るという
ような傾向はみられない。夫職種についてみると、職種間で一致型、革新型不
一致、保守型不一致の割合は同じ程度である。

　親同別居についてみると、女性の場合、革新型不一致が同居の者で少なく、
別居の者で多い傾向がみられる。ライフステージ別にサンプルを分けて分析す
ると、新婚・末子未就学児の女性の場合、親と別居の者は革新型不一致になる
ことが有意に多いことが見出された（表割愛）。親との同別居は、新婚・末子
未就学児において、特に強く働き方戦略を左右する影響をもつ。

4　戦略の自由度と働き方戦略

仮説の検証結果

　分析結果をふまえると、本章で設定した仮説のうち仮説2と3は支持され、
仮説1と4は支持されなかったといえる。

　まず、男女とも高卒、短大・高専卒、大卒の間で、働き方戦略の一致／不一

Ⅲ　女性の就業と社会参加

致に有意な差はなかった。また、夫の職種についても、専門・技術・管理、事務、技能・労務の間で働き方戦略の一致／不一致に有意な差はなかった。したがって、学歴が高い者ほど革新型不一致が、学歴が低いほど保守型不一致が多くなるという仮説1aおよび夫の職業的地位が高い場合には保守型不一致が、低い場合には革新型不一致が増えるという仮説1bは、ともに支持されなかった。

　また、育児期の者は革新型不一致が多くなるという仮説2は明確に支持された。新婚・末子未就学児がいる者を基準にした場合、それ以降のライフステージの者では、一致型よりも革新型不一致になる割合が有意に低い。ただし、このことは育児期のライフステージの者のみが望む戦略を実現できていないということを意味するものではない。働き方戦略が一致しているか不一致かという2区分でみると、ライフステージによって不一致の程度は有意には異ならないからである。仮説としては設定してはいなかった保守型不一致についても考慮すると、新婚・末子未就学児がいる者よりもそれ以降のライフステージの者は、革新型不一致になる割合は低くなるものの、保守型不一致になる割合は高くなっている。

　さらに、親と同居していると、特に新婚・末子未就学児では、革新型不一致になることが少なくなる。仮説3は、この特定のライフステージにおいて強く支持された。

　男女の性別についてみると、性別は戦略の一致／不一致を有意に規定する要因である。ただし、その関係のうち統計的に優位であったものは、男性の方が一致型よりも保守型不一致が有意に多いという点であった（表割愛）。仮説で設定した、女性の方が革新型不一致が有意に多いという結果は、統計的に有意には得られなかった。したがって、仮説4aは支持されない。

　最後に、仮説1−3のライフステージ、学歴、夫の職種、親の同別居の変数の効果が男性よりも女性の方が強いという仮説4bも、これを支持する結果は得られなかった（表割愛）。

ライフステージと戦略の自由度の関係──夫婦の働き方戦略

　本分析の結果、働き方戦略の一致／不一致を規定しているのは、男女とも1

第7章　夫婦の働き方戦略

にも2にもライフステージであるという知見が得られた。ライフステージを通じて、働き方戦略が一致する割合または不一致の割合（革新型不一致＋保守型不一致）は変わらないものの、戦略の不一致の中身が変わる。新婚・育児期には性別役割分業に対して革新的意識を持っているものの育児の負担等から性別役割分業をせざるをえない者が多く、それ以降のライフステージでは性別役割分業を支持するのに共働きをせざるをえない者が多くなる。

　育児期において、革新型不一致が増える背景には、結婚・出産にかかわらず共働きを希望しながら、それが実現できていない社会環境の問題があることが示唆される。内閣府（2004）の調査によると、無職の女性が働いていない理由としては、「育児の負担が大きいから」という理由が、20歳代では48.8％、30歳代では64.2％にのぼる。育児期に共働きが困難であるのは、わが国では共働きを可能にする労働環境や保育環境が未整備であるためである。労働環境についてみると、仕事と育児の両立を支援するファミリーフレンドリー制度を導入している企業は、まだ大企業の一部である（佐藤 2001；松田 2003）。保育環境についてみると、共働き夫婦の増加に保育サービスの供給が追いつかず、待機児童は多い（前田 2003）。また、本章の分析では、育児期においては親と同居している者の方が革新型不一致になることが少ない、すなわち共働戦略をとりやすいという結果が得られている。このことは、見方を変えれば、保育サービスの供給が限られているため、親と同居していなければ共働戦略をとることが難しいことを意味する。育児の負担から共働戦略を望みながらそれを実現できない者が多く存在することは、彼らおよびその家庭の幸福の阻害要因になるのみならず、社会的にみた場合は労働力が有効活用できていない状態といえる。育児期の戦略の自由度を高め、共働戦略をとることができる者を増やすための労働政策、保育政策が求められるといえる。

　一方、育児期以降のライフステージでは、性別役割分業を支持するのに共働きをせざるをえない者が多くなっている。育児期以降のライフステージでは、家計を補助するためという理由で就業する女性が多い（第一生命経済研究所 2003）。本章の理論的立場からみれば、性別役割分業戦略には子どもの教育面や家庭運営の生産性の面においてアドバンテージ等がある。しかしながら、育児期以降では、そうした利点を生かしたくてもできない者がいるということで

133

ある。本章の分析からはその正確な理由は把握できないが、この背景には1990年代以降に起こった男性の賃金低下による家庭の収入の減少と子どもの教育費負担の増大にともなう支出の増加があるとみられる。こうした社会環境の変化が、夫婦の戦略の実現を阻んでいる。また、仮説では想定していなかったが、本章の分析では、末子が高校生・大学生の家庭においては、親と同居している方がこのタイプの不一致が有意に少なくなるという結果が得られている（表割愛）。このことは、親と同居していれば、住宅費や生計費が少なくて済む、あるいは親から子どもの教育費の援助を受けられるという理由から、経済的に有利であることを示唆する。本章の分析範囲は親との同居と夫婦の働き方戦略の関係であるが、分析結果を拡張させると、親との同居は家計面にゆとりをもたらすとともに、妻が子どもの教育支援に専念することを可能にするため、親との同別居が子どもの高等教育への進学機会の格差をもたらす可能性も示唆される。

　さらに、ライフステージと戦略の一致／不一致の関係で注目されるのは、それらの関係はおおむね男女対称的であることである。例えば、育児期には性別役割分業に対して革新的意識を持っているものの育児の負担等から性別役割分業をせざるをえない者が多く、それ以降のライフステージでは性別役割分業を支持するのに共働きをせざるをえない者が多くなるという関係は、男女同様にみられる。女性の就業の問題は、働きたい女性が働けないという＜女性＞の問題として捉えられる傾向がある。しかしながら、この結果は、共働戦略をとりたくてもできないあるいは性別役割分業戦略をとりたくてもできないということが、女性の問題であるのみならず、男性の問題でもあることを示す。働き方戦略は＜夫婦の戦略＞として認識され、実践されている。したがって、女性の就業の問題は、夫婦の働き方戦略の問題であると捉える必要がある。

学歴、職業的地位、戦略の自由度の関係

　本章の分析では、男女とも学歴と戦略の一致度に統計的に有意な関係は見出されなかった。夫の職種についても同様である。以上の結果は社会階層と夫婦の働き方戦略の間には、社会階層が高いほど戦略を有利に展開できるまたは不利になるということがないことを示唆する。戦略の自由度が高いほど働き方戦

第7章　夫婦の働き方戦略

略の一致度が高いと考えると、社会階層は戦略の自由度を高めない。

　この点は、女性の学歴が高いほど、ライフコースの初期における就業選択において戦略の一致度を高めるという松田（2004a）の結果と異なる。両者の分析対象や働き方戦略の変数が異なるために一概に結果を比較することはできないが、こうした差が生じた理由として、女性にとって、学歴が働き方戦略の自由度を高める効果は、ライフコース初期の結婚・出産に伴う就業選択についてはあるが、その後の長い人生の中までは効かないという可能性が考えられる。

　学歴が働き方戦略の自由度を高めることがない理由としては、次の可能性が考えられる。まず、女性の場合、学歴が高い者ほど結婚・出産にかかわらず継続就業する者の割合が高いわけではなく、一旦退職した後の復職割合が高いわけでもない（日本労働研究機構 2000；脇坂・冨田 2001）。この状況から、学歴が高い女性ほど、就業継続が容易というわけではないことがうかがえる。

　また、日米における個人のディストレスを比較分析した結果によると、男女とも学歴が高いほどディストレスが低くなる米国と異なり、日本では男女とも学歴とディストレスの間には関連はみられず、その理由として、学歴社会といわれながらも、依然として残る企業の年功序列制度のもとでは学歴による収入、昇進、福利厚生の格差が小さいことなどが指摘されている（Inaba et al. 2005）。高学歴であるほど収入は高いといわれるが、その差が小さいのであれば、高学歴の男性およびその男性と結婚する確率が高いとみられる高学歴の女性がそれ以外の者よりも、経済的なゆとりがあるために性別役割分業戦略を採用しやすいということにもなっていないことが示唆される。夫の職業的地位による収入格差も、一部の上層下層を除き、同様であるとみられる。本章が使用したデータでは、夫の職種が専門・技術・管理とそれ以外では、年収の格差は70万円程度にすぎない。機会としての格差が近年拡大しつつあるという指摘（橘木 2004）があるが、以上のことからうかがえるのは、日本は学歴と職種による格差がいまだに小さい社会であるということである。ただし、以上はあくまでも本分析結果からの示唆であるため、学歴、職業的地位と戦略の自由度の関係は、今後分析を深化させる必要があると考えられる。

　本章には分析的な課題も残されている。まず、本章では、夫婦の就業戦略の意識に対応する変数として性別役割分業意識を、実態に対応する変数として夫

135

Ⅲ　女性の就業と社会参加

婦の就業形態を用いている。しかしながら、現実社会において夫婦が考える就業戦略とその実態は、多様であるとみられる。また、ある夫婦が理想とする就業戦略およびその実態はライフステージとともに変化するものであるとみられるが、1時点のデータを用いた本章ではこの点は分析されていない。これらの点に対応した具体的な研究を実施することは、今後の課題である。

注

1 ）例えば、松田（2000）、盛山（2000）、鎌田ほか（1999）を参照。これらの論文には性別役割分業の先行研究レビューがなされているが、意識と実態の乖離自体を分析した先行研究は示されていない。

2 ）自営業は、妻の就業状態をもとに性別役割分業の状態を把握することになじまないため、分析対象から除外した。夫が60歳未満のフルタイムに限定した理由は、現状では夫の大半はフルタイムでパートタイムは少数であることと、定年が60歳である企業が多いことをふまえてである。

3 ）「夫は外で働き、妻は家庭を守るべきである」という考え方に対して、「そう思う」「どちらかといえばそう思う」「どちらかといえばそう思わない」「そう思わない」の4件法で尋ねた回答のうち、そう思う（「そう思う」＋「どちらかといえばそう思う」）と回答した者を性別役割分業に賛成（1）、残りを反対（0）とした。

4 ）新婚と末子未就学児を統合したのは、新婚である者の数は少ないため独立したカテゴリーにはならないことと、結婚と出産・育児で離職する女性が多いため、結婚と出産・育児が働き方戦略として近い状況にあるとみられるという理由からである。

終　章

対等な夫婦は幸せか

永井暁子

1　「共働き」はどのように捉えられていたのか

　本著のきっかけとなった、東京大学社会科学研究所附属日本社会研究情報セ
ンターの2005年度の二次分析研究会では、「共働社会の到来とそれをめぐる葛
藤」をテーマとして掲げていた。「共働社会」とは、夫婦がともに正社員・正
規職員として働き、家事・育児を夫婦で行う共働モデルを営む夫婦がマスを占
める社会である（松田 2003）。男女共同参画社会基本計画（第 2 次）などをみ
ても、このような共働社会において、女性の社会的地位は上昇し、家庭におい
ても夫婦の対等な関係が形成されることが社会的に望まれているといえるだろ
う。本章では、女性の就業に焦点をあてながら、夫婦の対等性や対等の意味に
ついて論じるものである。まずそこで、「共働き」がこれまでに、どのように
捉えられていたのかについて概観してみよう。

　序章でも述べられているように、1980年代後半から共働き世帯が占める割合
は専業主婦世帯の割合を超え、その後のさらなる有配偶女性の就業の増加は時
代の趨勢である。袖井は『共働き家族』のまえがきの中で「……産業化を遂げ
た社会では、職業活動を通して夫が収入を獲得し、その収入を用いて妻が家庭
を運営するのが正常な家族とみなされてきた。我が国でも既婚女性の職場進出
が始まった1960年代には、もっぱら妻の家庭外就業が家庭運営、家族関係、子
どもの発達などに否定的な影響を及ぼすという論調が大勢を占めていた。……
（中略）……男女がともに社会にも家庭にも参加することの必要性が公然と説
かれるようになったのは、国連婦人の100年を経た1980年代以降のことである。
かつて病理の一種とみなされた共働きが、当たり前のこととして受け止められ

137

終　章　対等な夫婦は幸せか

るようになった現状を見ると昔日の感を禁じえない」と述べている（袖井他 1993）。

　現在、「共働き」という言葉が定着しているが、布施によれば、1950年代において有配偶女性の雇用労働者化は「共稼ぎ」とよばれ、金を稼ぐために働くという意味が強かった。戦後の高学歴化などにより専門職志向の女性の増加、経済的自立、職業を通しての自己実現、社会的活動の意義などを前面に打ち出す社会的傾向のあらわれとして「共稼ぎ」は「共働き」の語に転換していった（布施 1984）。共働きならぬ共稼ぎ家族は、貧困の中で生じた機能不全の家族とみなされていたのである。農業を中心とした家業の手伝いなどを含めると、有配偶女性の大半は働き続けていたにもかかわらず、1960年代以降普及し始めたパートタイム労働者を含む有配偶女性の雇用労働者化を背景に、共働きあるいは共稼ぎ家族は、一時期、家族病理として扱われていた。

　そして、いまなお、結婚（夫婦）あるいは家族の安定性は、つまり夫婦や家族が崩壊しないこと、幸福な家族、暖かな家族生活は専業主婦と唯一の稼ぎ手である夫の組み合わせによる家族によってもたらされているというイメージは強い。そして、そのような性別役割分業が本来的な家族、正しい家族のあり方だとする意識も残存している[1]。このような性別役割分業を基準とした家族モデルの標準化は、女性の労働を周辺的な位置に固定させ、また家事、育児、介護を女性のみに負担させることとなった。これに対しての異議申し立てとは、社会における女性労働者の地位向上と家庭内での家事労働に関する夫との公平な分担を求めるもの（布施 1984など）、家事労働の再評価（久場・竹信 1999；経済企画庁 1997など）、専業主婦[2]に顕著にあらわれる育児期の孤立から生じる育児不安などを問題化し、子育ての夫婦間の分担と社会との分担について言及するもの（牧野 1982など）などである。

　このような女性の働き方をめぐる価値観の変遷の中で、職場でも家庭でも性別役割を解消した「新しい家族像」の中に、対等な夫婦の出現を見る動きが生じたのは自然な流れであっただろう（上子 1972；布施 1984など）。しかし、女性の就業による経済力の獲得や家事労働への再評価は、夫婦の対等な関係を築くことになるのだろうか。また、対等な関係の構築あるいはそのプロセスは夫婦を幸せにするのだろうか。対等性を求める夫や妻は、なぜそれを求めている

のだろうか。

2　妻の就業は夫婦を対等にするか

　そもそも対等とはどのようなことなのか。第5章で紹介されているような「衡平性」、つまり情緒的なサポートの授受、家事・育児の分担、あるいは仕事で得た賃金と家事・育児の交換などにおいて夫婦間のバランスがとれている状態をさすともいえる。また、夫婦間の勢力の衡平状態をさすともいえるだろう。勢力を示す指標としての夫婦間の意思決定、家庭管理における権限、行動の自由度などの直接的な観察や「隠された勢力」（Komter 1989）に注目する間接的な観察など、勢力に関してだけでも、それを捉える方法は多様である（松信 2002など）。

　このように多方面から対等性について観察された結果、女性の就業は無就業であるよりも相対的には対等に近づけるが、多くの夫婦は対等にまでは至らないことが、多くの研究者によって指摘されている。本書の研究成果でもそれを裏付ける結果が掲載されている。例えば、第5章の分析結果では、ある側面では夫婦が対等である際に結婚満足度が高く、別の側面では自分が得をしている際に結婚満足度が高いことが示されている。また、妻が就業していても夫の家事参加量はあまり多くならず、結果として妻の負担が大きくなるという現実もうかがえる。つまり、妻の経済力が高くなることが、夫婦を対等とし夫と妻の結婚満足度を高めることには、必ずしも結びつかない。

　第3章の結論では、妻の家事分担を減少させるためには、現状以上に妻の家計貢献が必要になることを示唆していた。このことは、社会において女性の平均賃金が低く、女性労働者は周辺的な位置づけにあるために、家庭内でも実際の家計貢献よりも低く見られがちであると解釈できる。つまり、現状においては、社会のジェンダー構造が世帯内にも反映し、妻の家計貢献よりも家事労働の方が夫婦間での交換価値は高いのである[3]。この結果は松信が示したデュアル・キャリア夫婦における夫婦の不平等とも合致する（松信 1995）。つまり、互いに、専門職あるいは管理職として同じような社会的地位にあり、収入の差も少ない夫婦であっても、家事・育児分担は妻に偏っている。デュアル・キャ

リア夫婦であっても平等的[4]な傾向がみられたのは、子どもがいない夫婦だけであり、子どもがいる夫婦では平等性は見られなかった。子どもの誕生による夫婦の領域分離はその他の研究でも示唆されている（永井・石原 1994など）。

家事・育児分担の偏りは、夫の方が保守的であるだけではなく、妻もなお社会規範に拘束されていることによっても生じている。家庭を経営し、家族の結びつきを強める努力は、これまで主に女性によって行われてきた。そしてそれは、片働きにおいても共働きにおいても同様である。性別役割分業意識に肯定的な働く妻は、家事をすべて行うことにより罪悪感から解放されようとし、性別役割分業意識に否定的な妻は、家事・育児分担を夫に要求することによる、夫との軋轢を避けるために夫よりも多くの家事・育児をすることも珍しくない。また、別の女性は夫と同等あるいはそれ以上の収入を得ることの後ろめたさのために家事・育児を担当し、自分と比較すれば家事・育児分担は少ないものの、周囲にいる他の男性と夫を比較して夫は多いと感じた場合に妻自ら家事・育児をより多く担当する。そして何よりも女性は家族の結びつきを強化、維持することに責任を負っていると感じているために、女性は職場の勤務を終えると、家庭ではセカンド・シフトについてしまう。共働きであっても、女性がより多く家事・育児を負担する仕組みが成立しているのである。ホックシールドは『セカンド・シフト』の中で、女性の就業率が高まっても、個人の持つ性別役割分業意識にかかわらず、女性はこれまで女性の役割、責任からいまだ解放されていないことを説明している。

このように、妻の就業だけでは実態についても意識についても夫婦の対等性は確保されず、子どもの出産により夫婦の領域分離の方が強くあらわれ、最近行われる父親の育児参加促進への主張も、現在のところ、夫婦の対等性に関して大きな変化をもたらしてはいないのである。

3 妻の就業、夫婦の対等性がもたらすもの

伝統的な夫婦と平等的な夫婦[5]とでは、どちらが安定的、つまり、どちらが結婚を継続させやすい、あるいは夫婦間に葛藤を起こしにくいのだろうか。アメリカの夫婦の平等性、安定性や夫婦間の葛藤に関して、ベルスキーとケリー

がいくつかの興味深い知見を述べている（Belsky and Kelly 1994＝1995）。ベルスキーらによれば、約半数の夫婦は出産後に夫婦関係が悪化し、その変化は育児によるストレスとは関係がなく、親への移行それ自体の中に、2人を次第に隔てていく「分極化傾向」があるという。そして、男女間の分業形態に関するイデオロギーの揺らぎによって、誰が何をするかを夫婦間で決めなければならなくなったことは、夫婦間に葛藤をもたらす。したがって夫、妻ともに伝統的な意識を持つ夫婦の方が葛藤は少なく、平等的な意識を持つ夫婦の方が、葛藤が生じやすいとベルスキーらは結論している。対等であろうとすればするほど、あるいは社会全体の流れが以前よりも対等を目指しているがために、ベルスキーらが言うように、互いの価値観についての確認を取りながら、夫婦関係を形成していかなければならない。

　さらにやっかいなことに何を対等とするかは個人で、夫婦で異なっている。このような問題は、結婚行動にも影響を及ぼしているといえるだろう。第1章で明らかになったように、結婚する際に、若年層ほど対人関係能力がより重視されている。また、第4章では、妻の就業と夫の心理的安寧との関連を分析し、妻の就業、つまり共働きか否かではなく、夫自身の性別役割分業意識と実態とのズレが夫の心理的安寧を低下させることを見いだしている。したがって、対等を目指すことには葛藤は避けられないのである。

4　対等な夫婦関係はゴールではない

　経済力が等しくなれば、夫婦が対等になるわけではない。対等を目指せばこそ葛藤は生じる。これまで潜在的であった問題が、顕在化してくるのである。衡平を保つことには困難がつきまとう。ではなぜそれにもかかわらず、対等を望む傾向があるのか。今日のように結婚の永続性が担保されず、また、現実的に片働きで家庭を経営できる夫婦が減少してきている中で、完全に分業的な関係を選ぶことは多くの夫婦にとっては困難であり、またリスクも高い。では、再度、共働き家族について振り返ってみよう。

　以前、共働き家族は家族や子どもにとって有害であるとされた論調に対して、上子は、男女がともに働くことを3つのレベルで考えねばならないとし、社会

終　章　対等な夫婦は幸せか

のレベルでは有用な女性の能力を埋まらせるのは非合理であり、家族のレベルでも男性だけに稼ぎ手役割を負わすことなく夫婦が共同して家族を築くことができるメリットがあり、個人のレベルでも女性の権利が守られる点を考えれば、労働時間を短縮して共働きを可能にすることは有益であるように思われると、述べている（上子 1972）。

　本書における知見と照らし合わせれば、第2章に明示されていたように、女性の就業は離婚リスクを高めていない。また、第6章では、就業は女性の政治参加を促す側面があった。このことは、社会のレベルでも個人のレベルでも女性の就業が有用であり、家族という集団レベルで考えても、女性の就業によって家族の安定性は脅かされるわけではないことを示している。

　対等を目指すことは、現代では夫婦、家族の安定のための方法であるとする研究がある。かつて『アメリカン・カップルズ』でアメリカの1980年代に登場した新しいカップルを描いて見せたシュワルツが『結婚の新しいかたち』でとりあげたピア・マリッジ（「平等主義にもとづく結婚」）は、文字通り「対等な夫婦」の研究である。対等な夫婦の基礎にあるのは、「均衡性」（互いに与えられた分だけ与え合うこと）と「平等性」（互いが対等の立場で情緒面、経済面、家庭面における義務を同等に果たすこと）であるとしている。そして、重要な指摘は、対等な夫婦となるためには多大な努力、そして代価（コスト）が必要であるという点である。とりわけ、日本にも多いであろう前掲書で用いられる語である「仕事中心の人」たちは近代の男性モデルであり、落合の言葉を借りれば「家族の戦後体制」にあらわれる、仕事人間、会社人間の夫のような行動をとる人々である。一方、パートナーとの関係を構築するために、仕事を抑制し家族の時間を優先し家族関係を重視する「関係中心の人」は、「仕事中心の人」とは大きく異なる。ピア・マリッジ（「平等主義にもとづく結婚」）には、女性だけではなく男性も「関係中心の人」である場合が多い。それには、仕事を抑制するという代価（コスト）や努力が必要なのである。これはアメリカの研究ではあるが、日本の多くの夫婦、家族の研究に有益な視点であると思われる。結論として、「すべてを同等に分かち合うことは結婚の真価ではなく、むしろ絆の強い協調的で親密な結婚生活を築くための手段であった」と述べられ、対等性そのものが目的ではなく、むしろ対等性を築くプロセスこそが重要であるというこ

終　章　対等な夫婦は幸せか

とを示している。

　さらに、セラピスト、精神科医、心理学者などを中心としたマリッジ・カウンセリング、カップル・カウンセリングの立場からの多くの研究についてもみてみよう。例えばヌーピュルジェの『新しいカップル―カップルを維持するメカニズム』では、夫婦がどのように親密さを維持しているかについての言及がなされている。夫婦は親密さを育て維持していくために、例えば、日常生活でのたわいないが家族にしかわからない会話や互いのケアなどの「儀式」を行っているといったことなどである。日本におきかえてみても、家族の中ではそのような「儀式」は頻繁に行われている場合が多いのではないだろうか。「儀式」は家族としての歴史を形づくっていく要素の１つであるとも言えるだろう。逆にいえば、「儀式」を共有できないことは、家族としての親密性の欠如をもたらし、家族の歴史の中のメンバーから外されてしまうことにもなりうる。「儀式」が母子の間で行われ、「仕事人間」の父親が「儀式」を共有できず、家族の輪の中に入っていけなかったという内容が、離婚した男性へのインタビューからもしばしば見いだされるのである（中国新聞文化部編 2003など）。

　そもそも結婚当初から対等な夫婦になろうとしている男性はきわめて少ないといわれている。日本の調査結果でも、家庭内で家事を行う夫の価値観は多様であり、日々の生活の中で家事分担を徐々に行うようになる様子がうかがえる。男のやさしさとして家事を行う者、共働きであれば当然であるとして家事を行う者、男性が家事を行う意味づけは様々である（内田 1994, 2001）。ただし「妻のため」に行なう者が比較的多く、興味深いことにその男性たちは他の理由によって家事や育児を行なう男性グループとは異なり、「すすんで」行なう者も「しかたなく」行なう者もいれば、家事を「好き」な者も「嫌い」な者もいるといったように多様であり、一致しているのは家事は「大変だ」という点である。この例から、対等のための努力が夫婦間でなぜなされているかという疑問に対して、「男女平等のため」というよりも「夫婦関係、家族を安定させるため」といった方がしっくりと来るだろう。つまり、対等そのものが目的ではないということを意味している。第７章によれば、「働き方戦略」は＜夫婦の戦略＞として認識され、実践されている。したがって、女性の就業の問題は、夫婦の働き方戦略の問題であると捉える必要があるとされている。これに加えて、

143

終　章　対等な夫婦は幸せか

おそらく日本で不足していることの1つは、シュワルツの言葉を借りれば、男性に「仕事中心の人」だけでなく「関係中心の人」となりうる選択肢を用意することではないだろうか。それによって女性、男性、夫婦の戦略も広がりうるであろうことが推測される。

　以上、夫婦の対等性についてまとめてみる。社会が両性の平等を保障することは当然であり、また、夫婦が対等を目指すことは、「共働社会の到来」と同じく時代の趨勢である。しかし、夫婦が対等を目指すことは、夫婦間に葛藤をもたらす可能性があることは否めない。特に夫婦で価値観のズレがある場合、夫婦の価値観と現実のズレがある場合は、葛藤をもたらすであろう。また、夫婦間で対等性が自己目的化していくことは、家族の実態とやや乖離している。では、なぜ対等を目指すのか。夫婦が対等を目指すプロセスにこそ、夫婦や家族は安定性をみいだしているといえるのではないだろうか。そしてそれは、家族の愛情機能を妻、母のみに担わせるのではなく、夫婦がそろって目指すことを意味している。それにはまず、男性を含めた働き方の自由度を増すような社会基盤の形成が社会的要請としてあげられる。

注

1）近代に生じた家族を相対化する研究では、専業主婦と唯一の稼ぎ手である夫からなる性別役割分業が本来的な家族であるという誤解は、これまでに多くの研究論文や著作物によって打ち消されている（クーンツ 1992；落合 1994；山田 1994など）。これらの研究では、専業主婦が近代の産物であり、近代あるいは現代に至っても専業主婦が有配偶女性の半数以上を占めた期間は数十年ほどであるということである。

2）『妻たちの思秋期』など、妻たちの「名前のない問題」がとりあげられている。

3）ただし、個々の家庭ではどのような交換がなされるかはわからない。つまり、経済力を持たない女性が不利な交換にならざるをえないとする指摘には妥当性がある。

4）しばしば性別役割分業意識や分業そのものについて、「伝統的」、「平等的」という言葉が用いられる。「伝統的」とは性別役割分業に対して肯定的であることを意味し、「平等的」とはそれに対して否定的であることを意味している。「伝統的」といっても、現在のような「男は仕事、女は内」といった分業が家族の伝統的な姿ではない。

5）同上

参 考 文 献

安藏伸治，2003，「離婚とその要因――わが国における離婚に関する要因分析」大阪
　　商業大学地域比較研究所・東京大学社会科学研究所編『日本版General Social
　　Surveys研究論文集［2］JGSSで見た日本人の意識と行動』（東京大学社会科学
　　研究所『資料』第24集），東京大学社会科学研究所，25-45.
石井クンツ昌子，2004，「共働き世帯における男性の家事参加」渡辺秀樹・稲葉昭英・
　　嶋崎尚子編『現代家族の構造と変容――全国家族調査［NFRJ98］による計量分
　　析』東京大学出版会，201-214.
石田浩，2006，「健康と格差」白波瀬佐和子編『変化する社会の不平等――少子高齢
　　化にひそむ格差』東京大学出版会，137-163.
稲葉昭英，1998，「どんな男性が家事・育児をするのか？――社会階層と男性の家事・
　　育児参加」渡辺秀樹・志田基与師編『階層と結婚・家族』1995年SSM調査研究
　　会，1-42.
色川卓男，2004，「妻と夫で生活満足度が乖離する要因は何か」『季刊家計経済研究』
　　64：45-54.
岩井紀子，2002，「家族・ジェンダーロール――意識と実態」岩井紀子・佐藤博樹編
　　『日本人の姿――JGSSにみる意識と行動』有斐閣，2-42.
岩澤美帆・三田房美，2005，「職縁結婚の盛衰と未婚化の進展」『日本労働研究雑誌』
　　535：16-28.
岩間暁子，1997，「性別役割分業と女性の家事分担不公平感――公平価値論・勢力論・
　　衡平理論の実証的検討」『家族社会学研究』9：67-76.
内田哲郎，1994，「家事を分担する夫たち――家事および性役割に対する意識」『家
　　族研究年報』19：58-69.
―――，2001，「父親の育児？」『季刊家計経済研究』50：32-38.
蒲島郁夫，1988，『政治参加』東京大学出版会.
江原由美子，1995,「権力装置としての家族」『装置としての性支配』勁草書房，165-
　　180.
大橋靖雄・浜田知久馬，1995，『生存時間解析――SASによる生物統計』東京大学出
　　版会.
尾嶋文章，2000，「『理念』から『日常』へ」――変容する性別役割分業意識」盛山
　　和夫編『日本の階層システム』東京大学出版会，217-36.
落合恵美子，1994，『21世紀家族へ』有斐閣選書.

参 考 文 献

家計経済研究所，2000，『新現代核家族の風景——家族生活の共同性と個別性』大蔵
　　省印刷局．

柏木惠子，2003，『家族心理学——社会変動・発達・ジェンダーの視点』東京大学出
　　版会，103-154．

加藤彰彦，2005，「離婚の要因：家族構造・社会階層・経済成長」熊谷苑子・大久保
　　孝治編『コーホート比較による戦後日本の家族変動の研究（日本学術振興会科
　　学研究費補助金・基盤研究A　全国調査「戦後日本の家族の歩み」報告書No.2）』
　　日本家族社会学会全国家族調査（NFRJ）委員会，77-90．

加藤邦子・石井クンツ昌子・牧野カツコ・土谷みち子，1998，「父親の育児参加を規
　　定する要因——どのような条件が父親の育児参加を進めるのか」『家庭教育研究
　　所紀要』20，38-47．

鎌田とし子・矢澤澄子・木本喜美子編『講座社会学14ジェンダー』東京大学出版会．

上子武次，1972，「家族の内部過程——役割関係」森岡清美編『社会学講座　家族社
　　会学』東京大学出版会，63-83．

川口章，2001，「夫婦間分業　経済合理性による説明とその限界」『追手門経済論集』
　　36（1-2）：1-30．

————，2001，「女性のマリッジ・プレミアム——結婚・出産が就業・賃金に与え
　　る影響」『季刊家計経済研究』51：63-71．

吉川徹，1998，「性別役割分業意識の形成要因－男女比較を中心に」尾嶋史章編『ジェ
　　ンダーと階層意識』1995年SSM調査シリーズ14，49-70．

木村清美，2001，「家計の共同性と夫妻関係」『季刊家計経済研究』49：14-24．

木村邦博，2000，「労働市場の構造と有配偶女性の意識」盛山和夫編『日本の階層シ
　　ステム』東京大学出版会，177-92．

久場嬉子・竹信三恵子，1999，「「家事の値段」とは何か——アンペイドワークを測
　　る」岩波ブックレット．

経済企画庁経済研究所国民経済計算部編，1997，『あなたの家事の値段はおいくらで
　　すか？——無償労働の貨幣評価についての報告』大蔵省印刷局．

厚生労働省，2004，『「出生前後の就業変化に関する統計」概況——人口動態職業・
　　産業別統計と21世紀出生児縦断調査のリンケージ分析』．

国立社会保障・人口問題研究所，2005，『人口の動向日本と世界——人口統計資料集』
　　厚生統計協会．

小原美紀，2000，「長時間通勤と市場・家事労働——通勤時間の短い夫は家事を手伝
　　うか？」『日本労働研究雑誌』476：35-45．

斎藤茂男，1982，『妻たちの思秋期』共同通信社．

佐藤博樹，2001，「日本におけるファミリーフレンドリー制度の現状と課題」『季刊
　　家計経済研究』50：11-17．

佐藤博樹・石田浩・池田謙一，2000，『社会調査の公開データ2次分析への招待』東
　　京大学出版会．

参 考 文 献

柴田愛子・コリン・ボイルズ，1995，「生活時間の配分——有業男女を対象とした実証的な検討」『日本経済研究』32：133-148.

嶋崎尚子，2005，「家族に関する意識」日本家族社会学会全国家族調査委員会『第2回家族についての全国調査（NFRJ03）第1次報告書』175-92.

周玉慧・深田博己，1996，「ソーシャル・サポートの互恵性が青年の心身の健康に及ぼす影響」『心理学研究』67(1)：33-41.

盛山和夫，2000，「ジェンダーと階層の歴史と論理」盛山和夫編『日本の階層システム4　ジェンダー・市場・家族』東京大学出版会，3-26.

袖井孝子・岡村清子・長津美代子・三善勝代，1993，『共働き家族』家政教育社.

第一生命経済研究所，2001，『今後の生活に関するアンケート』.

第一生命経済研究所，2003，『ライフデザイン白書2004-05新しい生活価値観が変えるライフデザイン』矢野恒太記念会.

武石恵美子，2006，『双書ジェンダー分析9　雇用システムと女性のキャリア』勁草書房.

竹内真純・中村立子・佐野真子，2004，「男女平等意識と夫婦役割分担の平等性の乖離」日本社会心理学会第45回大会論文集，134-135.

橘木俊詔，2004，『封印される不平等』東洋経済新報社.

中国新聞文化部編，2003，『男が語る離婚：破局のあとさき』文春文庫.

張健華・七條達弘・駿河輝和，2001，「出産と妻の就業の両立性について」『季刊家計経済研究』2001夏：72-78.

津谷典子，2002，「男性の家庭役割とジェンダー・システム——日米比較の視点から」阿藤誠・早瀬保子編『ジェンダーと人口問題』大明堂，167-210.

内閣府，2004，「男女共同参画社会に関する世論調査」.

内閣府，『平成17年版　男女共同参画白書——男女共同参画の現状と施策』(http://www.gender.go.jp/whitepaper/h17/danjyo_hp/danjyo/html/honpen/index.html，2006.5.25)

内閣府，2004，「男女共同参画社会に関する世論調査」.

永井暁子，1999，「家事労働遂行の規定要因」樋口美雄・岩田正美編『パネルデータからみた現代女性——結婚・出産・就業・消費・貯蓄』，東洋経済新報社，95-125.

————，2004，「男性の育児参加」渡辺秀樹・稲葉昭英・嶋崎尚子編『現代家族の構造と変容——全国家族調査［NFRJ98］による計量分析』東京大学出版会，190-200.

————，2006，「友達の存在と家族の期待」玄田有史編著『希望学』中央公論社，85-109.

永井暁子・石原邦雄，1994，「大都市における有配偶女性の家事意識と家事遂行——現代女性の生活ストレスとネットワーク調査から」『総合都市研究』53：123-138.

中尾啓子，2005，「複合ネットワークの概要——3種類の社会的ネットワークの複合

参考文献

と重複」大阪商業大学比較地域研究所・東京大学社会科学研究所編『日本版 General Social Surveys 研究論文集［4］JGSSで見た日本人の意識と行動』大阪商業大学比較地域研究所，131-152.

中村真由美，2006，「結婚の際に男性に求められる資質の変化――コミュニケーション能力の結婚との関係」『共働社会の到来とそれをめぐる葛藤――夫婦関係』（SSJDA Research Paper Series 34）東京大学社会科学研究所，26-44.

長山靖生，2005，『いっしょに暮らす。』ちくま書房.

西川一廉，1998，「米国におけるワーク・ファミリー関係研究(1)――ワーク・ファミリー・コンフリクトをキーワードとして(1)」『桃山学院大学社会学論集』31(2)：17-48.

――――，1999，「米国におけるワーク・ファミリー関係研究(2)――ワーク・ファミリー・コンフリクトをキーワードとして(2)」『桃山学院大学社会学論集』32(1)：15-45.

西村純子，2001，「女性の就業と家族生活ストレーン――女性の就業は誰の利益か？」『哲学』106：1-29.

日本労働研究機構，2000，『高学歴女性の労働力率の規定要因に関する研究』.

野沢慎司，2005，「未婚者の結婚意欲とパーソナル・ネットワーク――関係制度の圧力効果と満足度の効果」財団法人家計経済研究所編『若年世代の現在と未来』国立印刷局，45-66.

野々山久也，1985，『離婚の社会学――アメリカ家族の研究を軸として』日本評論社.

――――，1986，「離婚――初婚年齢と社会階層をめぐって」日本社会病理学会編『現代の社会病理Ⅰ』，256-279.

原純輔・肥和野佳子，1990，「性別役割意識と主婦の地位評価」岡本英雄・直井道子編『現代日本の階層構造4――女性と社会階層』東京大学出版会，165-86.

樋口美雄，2000，「パネルデータによる女性の結婚・出産・就業の動学分析」岡田章・神谷和也・黒田昌裕・伴金美『現代経済学の新潮流2000』東洋経済新報社，109-148.

平尾桂子，2004，「家族の教育戦略と母親の就労――進学塾通塾時間を中心に」本田由紀編『女性の就業と親子関係――母親たちの階層戦略』勁草書房，97-113.

平山順子，1999，「家族を『ケア』するということ――育児期女性の感情・意識を中心に」『家族心理学研究』13(1)：29-47.

平山順子・柏木惠子，2001，「中年期夫婦のコミュニケーション態度――夫と妻は異なるのか？」『発達心理学研究』12(3)：216-227.

布施晶子，1984，『新しい家族の創造――「母親」と「婦人労働者」のはざまで』青木書店.

冬木春子・本村汎，1998，「父親の役割葛藤に与える社会心理的諸要因の影響」『家族研究年報』23：56-70.

本田由紀，2005，『多元化する「能力」と日本社会――ハイパー・メリトクラシー化

のなかで』NTT出版.

前田信彦，2002，「男性の労働時間と家族生活──労働時間の再編成に向けて」石原邦雄編『家族と職業──競合と調整』ミネルヴァ書房，158-181.

前田正子，2000，「共働き世帯における夫の家事・育児分担についての分析」『季刊家計経済研究』48：68-74.

────，2003，『子育ては、いま──変わる保育園、これからの子育て支援』岩波書店.

牧野カツコ，1982，「乳幼児をもつ母親の生活と「育児不安」」家庭教育研究所紀要 3：34-56.

松田茂樹，2000，「夫の家事・育児参加の規定要因」『年報社会学論集』13：134-145.

────，2002，「父親の育児参加促進策の方向性」国立社会保障・人口問題研究所編『少子社会の子育て支援』東京大学出版会，313-330.

────，2003，「共働社会」加藤寛監修・第一生命経済研究所編『ライフデザイン白書2004-05』，150-173.

────，2004a，「女性の階層と就業選択──階層と戦略の自由度の関係」本田由紀編『女性の就業と親子関係──母親たちの階層戦略』勁草書房，3-20.

────，2004b，「男性の家事参加──家事参加を規定する要因」渡辺秀樹他編著『現代家族の構造と変容』東京大学出版会，175-189.

────，2005，「男性の家事・育児参加と女性の就業促進」橘木俊詔編『現代女性の労働・結婚・子育て──少子化時代の女性活用政策』ミネルヴァ書房，134-136.

松田茂樹・鈴木征男，2002，「夫婦の労働時間と家事時間の関係──社会生活基本調査の個票データを用いた夫婦の家事時間の規定要因分析」『家族社会学研究』13(2)：73-84.

松田智子，2000，「性別役割分業からみた夫婦関係」善積京子編『結婚とパートナー関係──問い直される夫婦』ミネルヴァ書房，125-146.

松信ひろみ，1995，「二人キャリア夫婦における役割関係」『家族社会学研究』7：47-56.

────，2002，「夫婦の勢力関係再考──勢力過程への着目とフェミニスト的視点の導入」『新潟ジェンダー研究』4：31-46.

三浦展，2005，『下流社会──新たな階層集団の出現』光文社.

見田宗介・栗原彬・田中義久編，1988，『社会学辞典』弘文堂.

御船美智子，1995，「家計内経済関係と夫妻間格差　貨幣と働く時間をめぐって」『季刊家計経済研究』25：57-67.

三輪哲，2006，「離婚と社会階層の関連に関する試論的考察」『共働社会の到来とそれをめぐる葛藤──夫婦関係』（SSJDA Research Paper Series 34）東京大学社会科学研究所，45-60.

森實敏夫，2006，「Dr. SPSS Ⅱによる比例ハザード解析」（http://www.medical-

参考文献

tribune.co.jp/BENRI/survival 3.htm, 2006.3.31)

諸井克英, 1990, 「夫婦における衡平性の認知と性役割観」『家族心理学研究』4 (2) : 109-120.

――――, 1996, 「家庭内労働の分担における衡平性の知覚」『家族心理学研究』10 (1) : 15-30.

――――, 1998, 「親密な関係における衡平性」大坊郁夫・奥田秀宇編『対人行動シリーズ 3 ――――親密な対人関係の科学』: 60-85.

山口一男, 2004, 「少子化の決定要因と対策について――夫の役割, 職場の役割, 政府の役割, 社会の役割」『RIETI Discussion Paper Series』04-J-045.

山田昌弘, 1994a, 「晩婚化現象の社会学的分析」社会保障研究所編『現代家族と社会保障――結婚・出生・育児』東京大学出版会, 15-36.

――――, 1994b, 『近代家族のゆくえ』新曜社.

――――, 2002, 『夫と妻のための新・専業主婦論争』中公新書.

安野智子, 2005, 「JGSS-2003にみるパーソナル・ネットワークと政治意識」大阪商業大学比較地域研究所・東京大学社会科学研究所編『日本版General Social Surveys 研究論文集 [4] JGSSで見た日本人の意識と行動』大阪商業大学比較地域研究所, 153-167.

脇坂明・冨田安信, 2001, 『大卒女性の働き方――女性が仕事をつづけるとき、やめるとき』日本労働研究機構.

渡辺秀樹, 1994, 「現代の親子関係の社会学的分析――育児社会論序説」社会保障研究所編『現代家族と社会保障――結婚・出生・育児』東京大学出版会, 71-88.

渡辺秀樹・近藤博之, 1990, 「結婚と階層結合」岡本英雄・直井道子編『現代日本の階層構造 4 ――女性と社会階層』東京大学出版会, 119-145.

綿貫譲治, 1991, 「有権者としての日本女性」『レヴァイアサン』8 : 23-40.

Adams, J. S., 1965, "Inequity in Social Exchange," *Advances in Experimental Social Psychology*, 2 : 267-299.

Agresti, A., 1996, *An Introduction to Categorical Data Analysis*, Wiley. (＝渡邉裕之ほか訳, 2003, 『カテゴリカルデータ解析入門』サイエンティスト社.)

Becker, G. S., 1965, "A Theory of the Allocation of Time," *Economic Journal*, 75: 493-517.

Becker, Gary S., 1981, "Division of Labor in Household and Families," *A Treatise on the Family*, Harvard University Press, 30-79.

Belsky, J. and J. Kelly, 1994, *The Transition to Parenthood*, Delacorte Press. (＝安次嶺佳子訳, 1995, 『子供をもつと夫婦に何が起こるか』草思社.)

Blumstein, P. and P. Schwartz, 1983, *American Couples: Money, Work, Sex*, Morrow. (＝南博訳, 1985, 『アメリカン・カップルズ――マネー＋ワーク』『アメリカン・カップルズ――セックス』白水社.)

参 考 文 献

Booth, A., 1977, "Wife's Employment and Husband's Stress: A Replication and Refutation," *Journal of Marriage and the Family*, 39: 645-650.

Borooah, V. K., 2001, *Logit and Probit: Ordered and Multinomial Models*, Sage.

Bumpass, L. and R. R. Rindfuss, 1979, "Children's Experience of Marital Disruption." *America Journal of Sociology*, 85: 49-65.

Burke, R. J. and T. Weir, 1976, "Relationship of Wives' Employment Status to Husband, Wife and Pair Satisfaction and Performance," *Journal of Marriage and the Family*, 38: 279-287.

Burns, Nancy, Kay Lehman Schlozman, and Sidney Verba, 2001, *The Private Roots of Public Action: Gender, Equality, and Political Participation*, Harvard University Press.

Coontz, S., 1992, The Way We Never Were: American Families and the Nostalgia Trap, Basic Books.（岡村ひとみ訳, 1998,『家族という神話』筑摩書房.）

Edgell, S., 1993, *Class*, Routledge.（橋本健二訳, 2002,『階級とは何か』青木書店.）

Ermisch, J. F., 2003, *An Economic Analysis of the Family*, Princeton University Press.

Festinger, L., 1957, *A Theory of Congitive Dissonance*, Stanford University Press.

Giddens, Anthony, 1992, *The Transformation of Intimacy: Sexuality, Love, and Erot*icism in Modern Societies, Polity Press.（＝松尾精文、松川昭子訳, 1995,『親密性の変容――近代社会におけるセクシュアリティ、愛情、エロティシズム』而立書房.）

Glick, P. C., 1975, "A Demographer Looks at American Families," *Journal of Marriage and the Family*, 37: 15-28.

Goode, W. J., 1956, *After Divorce*, The Free Press.

Hallberg, D. and A. Klevmarken, 2003, "Time for Children: A Study of Parent's Time Allocation," *Journal of Population Economics*, 16: 205-226.

Hochschild, A. Russell, 1989, *The Second Shift: Working Parents and the Revolution at Home*, Viking Press.（＝田中和子訳, 1990,『セカンド・シフト――第二の勤務アメリカ共働き革命のいま』朝日新聞社.）

Huckfeldt, Robert, 2001, "The Social Communication of Political Expertise," *American Journal of Political Science*, 45: 425-438.

Huckfeldt, Robert and John Sprague, 1995, *Citizens, Politics, and Social Communication: Information and Influence in an Election Campaign*, Cambridge University Press.

Huff, Darrell, 1954, How to Lie with Statistics, Gollancz.（＝高木秀玄訳,1968,『統計でウソをつく法――数式を使わない統計入門』講談社ブルーバックス.）

Inaba, Akihide, Peggy A. Thoits, Koji Ueno, Walter R. Gove, Ranae J. Evenson, Melissa Sloan, 2005, "Depression in the United States and Japan: Gender,

参 考 文 献

marital status, and SES patterns," *Social Science & Medicine*, 61: 2280-2292.

Jalovaara, M., 2001, "Socio-Economic Status and Divorce in First Marriage in Finland 1991-93," *Population Studies*, 55: 119-133.

Jalovaara, M., 2003, "The Joint Effects of Marriage Partners' Socio-Economic Positions on the Risk of Divorce," *Demography*, 40: 67-81.

Jenkins, S. P. and N. C. O'Leary, 1995, "Modeling Domestic Work Time," *Journal of Population Economics*, 8 : 265-279.

Jonsson, J. O. and M. Gahler., 1997, "Family Dissolution, Family Reconstitution, and Children's Educational Career: Recent Evidence for Sweden," *Demography*, 34: 277-293.

Kalmijn, M., 2005, "The Effects of Divorce on Men's Employment and Social Security Histories," *European Journal of Population*, 21: 347-366.

Kessler, R. C. and P. D. Cleary, 1980, "Social Class and Psychological Distress," *American Sociological Review*, 45: 463-478.

Kessler, R. C. and J. A. McRae, 1982, "The Effect of Wives' Employment on the Mental Health of Married Men and Women," *American Sociological Review*, 47: 216-227.

Komter, A., 1989, "Hidden Power in Marriage," *Gender & Society*, 3 (2): 187-216.

Lewis, R. A. and G. B. Spanier, 1979, "Theorizing about the Quality and Stability of Marriage," in W. R. Burr et al. (eds.), *Contemporary Theories About The Family Vol. 1*, 268-294.

Maeda, Yukio, 2005, "External Constraints on Female Political Participation," *Japanese Journal of Political Science*, 6 : 345-373.

Mirowsky, J. and C. E. Ross, 1989, *Social Causes of Psychological Distress*, Aldine de Gruyter.

Mutz, Diana C., 2002, "Cross-cutting Social Networks: Testing Democratic Theory in Practice," *American Political Science Review*, 96: 111-126.

Nishioka, H., 1998, "Men's Domestic Role and the Gender System: Determinants of Husband's Household Labor in Japan," 『人口問題研究』54 (3): 56-71.

Neuburger, R., 1997, *Nouveaux Couples*, Editions Odile Jacob. (＝藤田真利子訳, 2002, 『新しいカップル──カップルを維持するメカニズム』新評論.)

Orden, S. R. and N. M. Bradburn, 1969, "Working Wives and Marriage Happiness," *The American Journal of Sociology*, 74 (4): 392-407.

Orbuchi, T. L. and L. Custer, 1995, "The Social Context of Married Women's Work and Its Impact on Black Husbands and White Husbands," *Journal of Marriage and the Family*, 57: 333-345.

Pappas, G., S. Queen, W. Hadden, and G. Fisher, 1993, "The Increasing Disparity in Mortality Between Socioeconomic Groups in the United States, 1960 and 1986," *The New England Journal of Medicine*, 329: 103-109.

Parsons, T., & R. F. Bales, 1956, *Family: Socialization and Interaction Process*, Routledge and Kegan Paul. (＝橋爪貞雄他訳, 2001, 『家族──核家族と子どもの社会化』黎明書房.)

Pepitone-Rockwell, F. eds, 1980, *Dual-Career Couples*, Sage Publication. (＝徳座晃子監修・浜谷喜美子訳, 1987, 『デュアル・キャリア夫婦──新しい家族モデルを求めて』家政教育社.)

Ross, E., J. Mirowsky, and J. Huber, 1983, "Dividing Work, Sharing Work, and in-between Marriage Patterns and Depression," *American Sociological Review*, 48: 809-823.

Rosenfield, S., 1980, "Sex Differences in Depression: Do Women Always Have Higher Rates?" *Journal of Health and Social Behavior*, 21: 33-42.

Schwartz P., 1994, *Peer Marriage: How Love Between Equals Really Works*, The Free Press. (＝豊川輝他訳, 2003, 『結婚の新しいかたち──アメリカの夫婦57組の生活』明石書店.)

Solberg, E. J. and D. C. Wong, 1992, "Family Time Use: Leisure, Home Production, Market Work and Work Related Travel," *Journal of Human Resources*, 27（3）: 485-510.

Spain, D. and S. Bianchi, 1996, *Balancing Act*, Russell Sage Foundation.

Stanley, S. M., P. R. Amato, C. A. Johnson, and H. J. Markman, 2006, "Premarital Education, Marital Quality, and Marital Stability: Findings from a Large, Random Household Survey," *Journal of Family Psychology*, 20: 117-126.

Tsuya, Noriko O. and Larry L. Bumpass, 2004, *Marriage, Work, and Family in Comparative Perspective: Japan, South Korea and The United States*, University of Hawaii Press.

Ueda, A., 2005, "Intrafamily Time Allocation of Housework: Evidence from Japan," *Journal of the Japanese and International Economies*, 19: 1-23.

Verba, Sidney, Norman H. Nie, and Jae-on Kim, 1978, *Participation and Political Equality: A Seven-nation Comparison*, Cambridge University Press.

Walster, E., G. W. Walster & E. Berscheid, 1978, *Equity: Theory and Research*, Allyn & Bacon.

Williams, D. R. and C. Collins, 1995, "United States Socioeconomic and Racial Differences in Health: Patterns and Explanations," *Annual Review of Sociology*, 21: 349-386.

あ と が き

　現在、わが国では夫のみが就労する夫婦は減り、共働き夫婦が増えつつある。この変化をめぐっては、共働き夫婦の増加が男女の伝統的な役割関係の変容をあらわしているとみる向きもあれば、依然として男女の伝統的な役割関係は変わっていないとみる向きもある。共働き夫婦という状況に対する評価も様々であり、論者によっては増加しつつある夫婦共働きを女性の社会進出の成果として評価する者もいれば、男女の役割分担の伝統のよさをこわすものと評価する者もいる。しかしながら、こうした変化をもたらした要因、現在増えつつある共働き夫婦の生活実態、共働きが夫婦関係に与える影響等の全容は、知られているようで知られていない。現在起きている夫婦の就労形態の変化を正確に理解し、評価するためには、まず現実に起こっていることを、客観的なデータをもとに、総合的に把握することが必要である。

　このような問題意識を背景に、本書は執筆された。本書は、わが国の共働き夫婦がおかれている現状を、計量分析という方法を用いて、様々な角度から総合的に示したはじめての書籍である。将来は不確実なため、今後共働き夫婦が大半を占める社会になるか否かは依然不透明であるが、そのような状況が訪れた際の夫婦像とそれにかかわる問題も提示した。

　〈まえがき〉でも述べたとおり、本書は東京大学社会科学研究所附属日本社会情報センターにおける二次分析研究会の活動成果から生まれたものである。二次分析研究会（http://ssjda.iss.u-tokyo.ac.jp/2nd_analysis.html）は、例年、年度はじめに特定のテーマを設けて、研究者や大学院生から参加者を広く募集し、1年間かけて参加者が具体的問題を分析し、論文を執筆するものである。本書は、2005年度に2人の編者が企画した「共働社会の到来とそれをめぐる葛藤」というテーマの研究会における論文が母体になっている。本書の執筆者は、この研究会に集った有志の研究者である。序章で述べたとおり、本書に使用した3つのデータは、同センターのSSJデータアーカイブ（http://ssjda.iss.u-

あとがき

tokyo.ac.jp/）に所蔵されている。SSJデータアーカイブとは、社会調査の個票データを収集・保管し、その散逸を防ぐとともに、学術目的での二次的な利用のためにデータを提供する機関である。二次分析研究会の参加者に限らず、学術目的の二次分析のためであれば、大学や研究機関の研究者、教員の指導を受けた大学院生、またはデータアーカイブにデータを寄託している民間の研究機関の研究者は、利用申請を行うことにより、データの提供を受けて、研究を行うことができる。

　本書は、刊行までに多くの方々からの支援を受けている。まず、本書で使用した個票データは、財団法人家計経済研究所、株式会社第一生命経済研究所、大阪商業大学比較地域研究所、東京大学社会科学研究所が調査を行い、これをSSJデータアーカイブに寄託したものである。データアーカイブに対するこれら研究所や研究会の協力があったことにより、本分析は可能になった。また、SSJデータアーカイブおよび二次分析研究会の運営に携わっている佐藤博樹氏、石田浩氏、佐藤朋彦氏、本田由紀氏（いずれも2006年3月現在）ほか社会科学研究所スタッフによる支援と尽力があったために、本研究は遂行することができた。1985年SSM全国調査委員会が実施したSSM85については、2005年SSM調査研究会から許可を得て使用することが可能になった。さらに、分析結果の報告会においては、飯島賢志氏（武蔵丘短期大学専任講師）、岩澤美帆氏（国立社会保障人口問題研究所主任研究官）、岩間暁子氏（和光大学助教授）、内田哲郎氏（リサーチコーディネーター）、元治恵子氏（立教大学非常勤講師）、中山和弘氏（聖路加看護大学教授）および報告会に参加していただいた多くの諸先生から貴重な助言を受けた。本研究会に参加し、ともに分析、議論を交わした多くの研究者のおかげで本書をまとめることができた。本書の校正にあたっては、石倉義博氏にお世話になり、勁草書房の松野菜穂子氏には、本書の企画、編集、刊行に際して多大な支援をいただいている。以上にあげたように、本書は多くの方々からの支援を受けて刊行することが可能になった。執筆者を代表して、記して謝意を示す。

2006年9月

松田茂樹

索　　引

あ行

イベント　20, 29, 43
M字カーブ　1, 100

か行

階層文化　16
回避仮説　98-99, 116
家計構造　47-51, 53, 58-59
隠された勢力　139
家計貢献　10, 51-52, 54-60, 139
家計内生産理論　50
家事分担　5, 47-54, 56-61, 78, 116, 139-140
家事労働　48, 98, 138-139
過小利得　78, 81-83, 85-88, 93
過剰利得　78-79, 81-83, 85-88, 90-93
稼ぎ手役割　65, 75, 142
下流　15-16
関係中心の人　142, 144
間接効果　34
儀式　143
共働社会　59, 73, 137, 144
共働戦略　119-122, 133-134
クラスター　88, 90, 93
グレーカラー　30-31, 37-38, 42
結果（アウトプット）　77
結婚の質　9, 31-35, 37-40, 42
結婚満足感／結婚満足度　10, 77-81, 83-88, 90-92, 93, 139
貢献（インプット）　77
行動の自由／自由度　79, 81, 83, 85-88, 90, 91
衡平／衡平性　77, 83, 85, 88, 93, 139, 142
COX比例ハザード分析　20

さ行

サポート　4-5, 10, 77-78, 81, 83, 85-86, 90, 93
　道具的サポート　78-79, 81-82, 86-87, 90, 92
　情緒的サポート　78-80, 85, 88, 90, 92
　ソーシャル・サポート　77
CES-D　69
仕事中心の人　142, 144
職業利益仮説　102, 115
心理的安寧　64-65, 73-74, 141
ジェネラリスト型夫婦関係　4
社会階層　6, 9, 29-31, 38-39, 74, 126, 134, 135
社会的ネットワーク　103, 106-107, 109
職縁結婚　24
順序ロジット回帰分析　34-36, 42
少子化　15-16
ストレス　64-65, 68, 73
ストレス論的アプローチ　66
スペシャリスト型夫婦関係　4
生存時間分析　20
セカンド・シフト　121, 140
政治参加尺度　101-105, 108-109, 112, 116, 117, 119
性別役割分業意識　47, 66-68, 119, 123-130, 136, 140
性別役割分業戦略　119-122, 133, 135
選好　65, 76
戦略の自由度　119-120, 122, 124, 131, 133, 134-135

た行

対人関係能力　15-27, 141
対等性　77, 79-81, 83, 85-89, 91-92, 94, 138,

142
多項ロジスティック回帰分析　86, 88
男女共同参画社会　117, 137
長子仮説　105
ディストレス　66, 69-75
同類婚　32, 34, 37-39, 42
同類婚仮説　33

な行
認知的不協和　123
2段階最小二乗法（2SLS）　54, 56-58, 61
農業層　31, 33, 35, 38

は行
比較優位　120-121
ハザード率（危険率）　20, 22-23
末子仮説　105
平等性　140, 142
パネルデータ　18, 26, 42, 75
働き方戦略　10, 119-120, 122-125, 130-135,
　143

晩婚化　9, 15-16, 24
ピア・マリッジ　142
ブルーカラー　30-31, 34, 37-38, 42
分極化傾向　141
ポスト近代社会　15
ポスト近代型能力　15
ホワイトカラー　30-31, 33, 36-39, 42

ま行
マッチング　9, 23-24, 26
マリッジプレミアム　25
未婚化　15-16, 24

や行
尤度比　18-19
抑制仮説　98-99, 116

ら行
離婚リスク　29, 39, 142
離婚率　29-33, 38, 41-42
離婚寛容性　31-34, 38-40, 42

執筆者紹介 （五十音順）

竹内真純（たけうちますみ・東京大学大学院人文社会系研究科博士課程）
1980年生まれ。
2005年東京大学大学院人文社会系研究科修士課程修了／修士（社会心理学）
専攻：社会心理学

中村真由美（なかむらまゆみ・お茶の水女子大学教育事業部助教）
1967年生まれ。
1993年シカゴ大学大学院博士前期課程修了／M. A.（社会学）。
2006年シカゴ大学大学院博士後期課程修了／Ph. D.（社会学）。
専攻：ジェンダーと社会階層
主著：Feminine Capital: Educational and Occupational Investment for Gender Specific Status Attainment and Its Consequences（シカゴ大学博士論文）、"The 'Female-Dominated Path' and Marital Status Attainment for Japanese Women" *Japan Studien*, 18.（近刊）

永井暁子（ながいあきこ・日本女子大学人間社会学部社会福祉学科准教授）
1965年生まれ。
1991年北海道大学大学院文学研究科修士課程修了／文学修士。
1993年東京都立大学大学院社会科学研究科修士課程修了／修士（社会福祉）。
東京都立大学大学院社会科学研究科博士課程単位取得満期退学。
専攻：家族社会学。
主著：「男性の育児参加」渡辺秀樹他編『現代家族の構造と変容──全国家族調査［NFRJ98］による計量分析』（東京大学出版会、2004年）、「友だちの存在と家族の期待」玄田有史編『希望学』（中公新書ラクレ、2006年）

裵智恵（べじへ・慶應義塾大学社会学研究科後期博士課程）
1976年生まれ。
2002年延世大学大学院児童・家族専攻修士課程修了／文学修士。
専攻：家族社会学。
主著：「日本と韓国の男性における『ワーク・ファミリー・コンフリクト』」渡辺秀樹編『現代日本の社会意識──家族・子ども・ジェンダー』（慶應義塾大学出版会、2005年）

前田幸男（まえだゆきお・東京大学大学院情報学環准教授）
1969年生まれ。
1995年東京大学大学院法学政治学研究科修士課程修了／修士（法学）。
2001年ミシガン大学政治学部博士課程修了／Ph. D.（政治学）。
専攻：政治学。
主著："External Constraints on Female Political Participation," *Japanese Journal of Political Science*, Volume 6 Issue 3（2005）、「最近の時事世論調査における政党支持率と内閣支持率」『中央調査報』3月No.581.（2006）。

松田茂樹（まつだしげき・第一生命経済研究所ライフデザイン研究本部主任研究員）
1970年生まれ。
2001年慶応義塾大学大学院社会学研究科修士課程修了／修士（社会学）。
2004年慶応義塾大学大学院社会学研究科博士課程単位取得退学／博士（社会学）。
専攻：家族社会学、社会的ネットワーク論。
主著：「父親の育児参加促進策の方向性」国立社会保障・人口問題研究所編『少子社会の子育て支援』（東京大学出版会、2002年）、「女性の階層と就業選択——階層と戦略の自由度の関係」本田由紀編著『女性の就業と親子関係——母親たちの階層戦略』（勁草書房、2004年）

水落正明（みずおちまさあき・三重大学人文学部准教授）
1972年生まれ。
2002年東北大学大学院経済学研究科修士課程修了／修士（経済学）。
2005年東北大学大学院経済学研究科博士課程修了／博士（経済学）。
専攻：労働経済学、社会保障論。
主著：「育児資源の利用可能性が出生力および女性の就業に与える影響」（共著）『日本経済研究』No.51（2005年）、「父親の育児参加と家計の時間配分」『季刊 家計経済研究』No.71（2006年）

三輪哲（みわさとし・東京大学社会科学研究所准教授）
1972年生まれ。
2001年立教大学大学院社会学研究科博士前期課程修了／修士（社会学）。
2006年東北大学大学院文学研究科博士後期課程修了／博士（文学）。
専攻：社会階層・移動、計量社会学。
主著：「階層帰属意識に及ぼす地域効果の再検討——階層線形モデルの可能性と限界」『社会学研究』77号（2005年）、「社会的地位の結びつきの大きさを調べる——移動指標」与謝野有紀他編『社会の見方、測り方——計量社会学への招待』（勁草書房、2006年）

| | 対等な夫婦は幸せか | 双書 ジェンダー分析13 |

2007年1月20日　第1版第1刷発行
2007年9月10日　第1版第2刷発行

編者　永井　暁子
　　　松田　茂樹

発行者　井村　寿人

発行所　株式会社　勁草書房

112-0005　東京都文京区水道2-1-1　振替 00150-2-175253
　　　（編集）電話 03-3815-5277／FAX 03-3814-6968
　　　（営業）電話 03-3814-6861／FAX 03-3814-6854
　　　　　　日本フィニッシュ・牧製本

©NAGAI Akiko, MATSUDA Shigeki　2007

Printed in Japan

JCLS　＜㈱日本著作出版権管理システム委託出版物＞
本書の無断複写は著作権法上での例外を除き禁じられています。
複写される場合は、そのつど事前に㈱日本著作出版権管理システム
（電話03-3817-5670、FAX03-3815-8199）の許諾を得てください。

＊落丁本・乱丁本はお取替いたします。

http://www.keisoshobo.co.jp

対等な夫婦は幸せか
2017年7月1日 オンデマンド版発行

編者　永井暁子
　　　松田茂樹

発行者　井村寿人

発行所　株式会社　勁草書房

112-0005 東京都文京区水道2-1-1　振替　00150-2-175253
（編集）電話 03-3815-5277／FAX 03-3814-6968
（営業）電話 03-3814-6861／FAX 03-3814-6854
印刷・製本　（株）デジタルパブリッシングサービス http://www.d-pub.co.jp

©NAGAI Akiko, MATSUDA Shigeki 2007　　　　　　AJ986
ISBN978-4-326-98311-7　　Printed in Japan　　

JCOPY　＜(社)出版者著作権管理機構　委託出版物＞
本書の無断複写は著作権法上での例外を除き禁じられています。
複写される場合は、そのつど事前に、(社)出版者著作権管理機構
（電話 03-3513-6969、FAX 03-3513-6979、e-mail: info@jcopy.or.jp）
の許諾を得てください。

※落丁本・乱丁本はお取替いたします。
　　　http://www.keisoshobo.co.jp